JN251670

エッセイ 専務理事の独りごと

金山茂人

立山村に天才現る！といわれていた10歳頃は可愛い？かった…

あれから65年後の今日…

「専務理事の独りごと」に寄せて

「誰れに何と思われたってかまわない、本当に思ったことだけを言う。自分が良いと思ったことを正直にやるだけだから。」

いつも本音で生きていらっしゃる金山さんはおっしゃいます。その「金山さんの一言」はまさに文字通り、生き方の「金言」です。

最近になってやっと、いろいろなことを楽しくお話しさせていただけるようになりましたが、デビューしたての私が最初にお会いしたころは、お顔を見るだけで威圧感に圧倒されて、悪いこともしていないのに首をすくめそうになっていました。こわもての？お顔でフムフムと頷きながら、時折ボソッと低い声で一言つぶやかれる金山さん。そのものズバリのことをバシッとおっしゃる迫力は特別でした。そんな金山さんの周りにはただならぬ空気が漂うので、皆ドキッとして背筋を正し、畏敬の念に包まれるのでした。

人生観への畏敬はもちろんですが、私はもう一つ別なことで、大きな畏敬の念を抱き続けています。それは金山さんが持っていらっしゃる見事な手への畏敬。骨太でバランスの良い巨人の手。もしもピアニストだったら深々としたタッチで鍵盤の底まで弾ききったことでしょう。まさに快演。

　そんな金山さんの手の印象は、ご性格とピッタリ重なります。骨太で大きく力強いのに、厚みのある肉付きでやさしさのバランスを取られる。大きな手の内にフワッと何かを収めるように、私たちのことも温かく包んで下さる。とかく神経質になりがちな私達音楽家に、絶妙なタイミングで優しく励ましの一言をかけて下さいます。

「何も難しいことは無い、自分に正直に、本音で生きさえすれば、悔いなく人生を送れるのだから。」この言葉に全てが集約されています。

　この「金言」を大切に受け止めて、人生の指針にしていきたいと思っています。

　日本演奏連盟の月刊報に寄せられていた「専務理事の独りごと」がこの度一冊の本にまとめられたことは、本当に素晴らしいことだと思います。この本に溢れる金山さんの本音を読ませていただきながら、心から感謝をしたいと思います。

小山　実稚恵（ピアニスト）

目次

「K1（ケイワン）」コンサート

今年も恒例の都民芸術フェスティバルが開催されて何とかお客様の入りも、もう少しで昨年並の全コンサートの平均85パーセントに辿りつくと職員一同頑張っている最中である。しかし最近コンサートの様子が以前と違って微妙に変わってきていることに気づいていらっしゃる方も多いのではなかろうか。

クラシックファンのイメージは元来穏やかで紳士淑女的な方が多くてコンサート会場でのトラブルなんて皆無に近かった。しかし最近主催者にクレームをつけてくる内容がとても陰湿だ。プログラムをめくる音が気になる、香水の臭いがキツイ、酒臭い、咳止めの飴の包み紙の音がうるさい、凄いのになると靴下が臭い！というのもある。人間誰だって無意識にいつか何処かで迷惑をかけているかも知れないのに、どうも最近の傾向として自分に甘くて他人には厳しいというのは言い過ぎか。ことが昂じてついにはお客様同士殴り合いにまで発展すると最近時々耳にする。某月某日、私からは少し離れていた箇所で事件が起こった。その日、飯森範親指揮、東京交響楽団のコンサートだったが、ベートーヴェンの「皇帝」の本番最中に勃発した。第１楽章が終わった直後私の斜め前のお客様が前席に向かって「オイ！頭、動かすなよ」に始まった。すかさず「動かしてなんかイネェヨ！」異様な雰囲気が漂った。第２楽章が厳かに始まった…と、後ろから前のお客様の頭を両手で押さえた。「Ｋ１」試合の開始だ！瞬間振り向きざま、ボディに一発！幸い周囲が必死に止めたのか、それ以上に発展しなかったから良かったものの、もし反撃があったらその日のコンサートはめちゃくちゃになっていたであろう。その内にコンサートに出掛けるにも腕力が強くないと行けなくなる時代が来るやも知れぬ。最近感じるのは世の中全体の雰囲気がとてもヒステリックで皆イライラしていて大げさにいえば、あたかも児童虐待の心境と似てきているのではあるまいか。今や経済も中国に追い抜かれた今日、今後日本は何をもって世界に羽ばたこうとするのか。戦後から66年、国民が必死で働いてきた努力は誰しも認めるところだが、社会の現状を見るにつけ、この間ひょっとして文化も人間形成も疎かにしてきた結果と思いたくはないのだが……

東日本大震災

突然あまりに多くの尊い命とふるさとが消えてしまった。そして日に日に深刻さを増す原発ニュース。

被災者の方々にはお慰めの言葉もありません。謹んで哀悼の意を表します。

日本演奏連盟の会員の皆様の中には深刻な被害を受けられた方が多勢おられます。心より御見舞い申し上げます。

天災とはいえ、このような未曾有の大災害に遭遇して感じるのは今日まで自分達の生活は世界中どの国にも類を見ないほどの贅沢というか有り余る文明文化に慣れっこになっていることだ。この際少しは反省の念を持ってもいいチャンスといえないか。今回の災害は「想定外」という言葉がさも当たり前の如く度々報道されているが、本当は自然を相手にとんでもない自惚れであり僭越としか思えない。自然災害に「想定外」なんて有り得ないのだ。安全だと信じていた自慢の防波堤が大津波によっていとも簡単に乗り越えられ、吹っ飛んでしまった。自然の威力は人間の能力では抑えられるものではないということを見せつけられた。今回の原子力発電所事故を見てもどんなに便利で利用価値が高いものであっても最悪と思われる事故が起こった時、人間の力で制御出来ないものを開発してはいけないという証であろう。今日における我々の生活を省みる時、超便利な世の中になって、何の疑いを感じることなく、ただひたすら限りない欲望達成に邁進している。よって電力はいくらあっても足りっこない。これを機会に国民全体で反省しない限り、原発反対！といくら叫んでも虚しい。例えば戦中派生れの僕が子供の頃の厳しかった時代を忘れて毎朝お世話になっているウォシュレットに何の感慨もなく当たり前みたいに使っている自分がオソロシイ！

世間に目を向けてみると似たような話がいっぱいある。他国と競争して新幹線のスピードを３００キロで走る必要もないではないか。この狭い日本では１００キロで充分だ。それどころか時速５００キロを越えるリニアモーターカーとかいうのを開発しようとしている。何も東京から大阪まで1時間で行くこともなかろう。

災害後節電に協力してみて街中や電車の照明、暖房なんてこれでもいけると感じたのは僕だけとも思えない。通勤時の乗り物だって間引きダイヤを経験したが、当初はすごい混雑と以前より30分早く家を出ることに多少苦痛を感じたが1週間、10日と経過してみると、それなりに慣れてきたではないか。

とはいえ国民全体で反省すべきなどとエラソウにいってはみたものの今回の災害で音楽界は元より、いろんな分野でかなりの影響が出てくるのではあるまいか。日頃のコンサートに当てはめて見よう。政府が発動方針として打ち出した「電力使用制限令」や「計画停電」が施行されると経済、産業界も大打撃と思うが、我々だって仕事にならなくなる。或る日、コンサートの日程が決まっている前日に「明日19時から停電します」なんていわれると中止せざるを得ない。そんなことが何回か続くとコンサートそのものが出来なくなってしまう。ということは芸術文化の灯も消えるということだ。この際モーツァルト、ベートーヴェン時代に遡ってローソクかランプコンサートを主流にしては・・・・・?

15　東日本大震災

東日本大震災　その後

3月11日、未曾有の大震災において被災された方々とご遺族様に改めて謹んでお見舞いと哀悼の意を申し上げます。

大惨事から間もなく2ヶ月の月日が流れようとしているが、連日メディアのトップに相変わらず地震関連ニュースが掲載されているということは、この災害がいかに大きく未だに国家的非常時を迎えているかの証であろう。しかしながらある意味では日本国民が一丸となって人間愛に目覚め、不幸にも災害に遭遇された方々に対してこれ程まで温かい手を差し伸べたことは過去にあったであろうか。街中、駅、スポーツ施設、音楽会場、何処に行っても「義援金にご協力を！」の叫びが心に響く。職業も多岐にわたっており、中でもスポーツ選手、芸能人も積極的に活動し、単に義援金に留まらず災害地に行って炊き出しのお手伝いまで行い、被災された方々を勇気づけた。印象に残るのは春に開催された甲子園での選抜高校野球選手権において、宮城県代表仙台東北高校は地震で直前の練習がほとんど出来なかったことが影響したのか残念ながら一回戦で敗退してしまったが、即座に仙台に戻りボランティア活動に従事していた。球児の中には少なからず被災した選手もいたようだが、家のことが気になりつつも街の復旧に力を注ぐ姿は美しくもあり心情を思うと痛ましい。音楽家諸氏も頑張っている。各々が活動するコンサート会場で義援金を募り大きな成果をあげている。

怖いのは風評被害だ。東関東のお百姓さんが丹精込めて作った農作物がもう放射能は大丈夫というお墨付きをもらっているにも関わらず、関東のコンビニからこの地での野菜が消えてしまったという。その他妙な自粛ムードが広がり桜が満開になっているのに「花見なんかで浮かれている時か」という暗い雰囲気が蔓延しているのか、このところ外出、外食、旅行が控えられ、その結果夜の繁華街や観光地は閑古鳥が囀っていると聞く。このままでは日本の経済はますますどん底に落ち込んでしまうではないか。現在桜前線は東北近辺に北上しているが、少しでも元気を出して戴くためにも、各地で鐘や太鼓に限らず、いろんなイベントで盛り立てることがあっても良いのではなかろうか。

しかし高度文明を謳歌し繁栄し続けてきた日本社会が、今回の災害で政府の対応は無策とは言わないが、やること成すことが後手、後手に見えてしょうがない。特に原子力発電所の事故について政府と電力会社の意思疎通がうまくいっていないのではないか。毎日のように次から次と新しい問題が提起されまさに「人智の限界」を晒している。「核」というものはそもそもが火薬では飽き足らなくなって人間の英知を結集して製作された「死の大量殺人兵器」がスタートであったはずだ。日本は世界で唯一の被爆国であり広島、長崎に原爆を投下された酷い経験をしたのに死の兵器を平和利用しようと悪魔に囁かれ、その気になったのが間違いだったのかも知れない。確かにいずれ原油を始めとして自然エネルギー枯渇が予想される今日、これらに変わる原子力というエネルギーは魅力的に感じたと思うが、今回の教訓としていかに優れものであってもトラブルが起きた時、最終的に人間が制御出来ない物質を開発してはいけないということだ。もはや人間の手には負えない「神の領域」に達しているのではないか。原発責任者はペコペコしながらひたすら「想定外の出来事」と弁解するしかないのか。かといってどんなに原発反対！と強調してみても現実に我が国の電力消費量の3分の1を原発に頼っているのも現状だ。原子力の代替エネルギーとして太陽光発電、風力発電、地熱、水力発電の復活等があげられているが、これ等を軌道に乗せるには少なくとも30年以上の歳月が必要と囁かれている。それをも覚悟をしてあくまで原発反対を唱えるならば、落ちぶれたとはいえ、世界第3位の経済大国をも諦め経済的には3等国以下にランクを下げることを前提にしなくてはならなくなる。心配なのは散々贅沢な社会的環境に慣らされた僕を含む日本人がこの先30年以上にわたり今から3分の1エネルギーを削った生活に耐えることが出来るかにある。僕にはとても自信が持てない。それにしても気の毒なのは福島原発の周辺住民だ。何も悪いことをしていないのに、いきなり故郷から無理やり知らない土地に避難させられ、それに伴って長い間築き上げてきた仕事まで棄てざるを得なくなり人生そのものがズタズタにされた住民の将来を果たして最後まで面倒見切れるのか。責任の所在がはっきりしているが、今までの対応を見ていると彼らに救いを求めるのも虚しい。

大震災後の文化行政の行方

未曾有の大災害に襲われた東日本は、早いものであれから80日の月日が過ぎ去った。少しずつではあるが復興の兆しが見え始めているようだ。しかし原発事故に関する政府と電力会社の対応がちぐはぐで国民にとって何が一番の問題点なのか理解出来ない。国民からは情報を開扉しないと批判が続出しているが、本当は隠しているのではなくて何も分かっていないのではないか。もしそうだとすれば事態はより深刻だ。現在開催中の国会においても当初は与野党関係なく超党派で震災地復興を最大テーマにするはずだったのに、いつの間にか国家最大の非常時というのに大震災を利用した政争の場になってしまった。ついこの前まで野党はやたらに我が党に任せろと迫っていたけど、このところ、与野党共々今までタブーだったはずの大連立論が堂々と連呼し出した。所詮誰がやっても同じであろう。内閣不信任案が採決されたら、解散総選挙を本気でやる気だったのか。国会ってこんな重大時に、なぜ、こうも状勢判断が出来なくなるのか不思議でならない。内閣総理大臣に対して野党はおろか、与党からも連日辞めろ、やめろ、ヤメロ！コールの続出で、さぞや首相も内心傷つき屈辱にまみれていらっしゃることであろう、と同情するのだが、だとしたらすぐ退陣すればいいものを無期限つきとかで辞めるといいながら、でも辞めない。早く遣り残した四国のお遍路詣とやらを実現なさった方が幸せと思うのだが・・・？　政治家は果たしてどこまで被災住民の悲痛な叫びが耳に入っているのか疑わしい。

一方我々と直接関係ある今年度の文化庁予算を見てみると、～新たな「文化芸術立国」実現～と、ご立派なお題目を掲げ、昨年12月24日に閣議決定した金額は１０３１億円、前年度比11億円増、伸び率1・1％。バンザーイ！と叫びたいところだが、ちょっと待て！喜ぶのは早すぎるぞ。我々芸術団体にとって頼りにしている項目「重点支援事業」が向こう３年で２分の１に削減される。しかも「豊かな文化芸術の創造と人材育成」は、前年度１３８億、今年度１２５億円、13億円減！もう一つ頼りの柱、「文化活動への新たな支援」が70億円から今年度61億円と９億円もダウン！発表された全体予算が増えているのになぜこのように我々に直接関係する項目分がどれもこれも減ってしまったのか。増えたはずのお金は何処へ消えてしまったのか。どうやら増えた行き先のほとんどが文化財保存修理・防災施設等の充実に主にまわってしまったようだ。どういう訳か昔から文化庁予算の半分くらいは絶えず文化財保護に使われていたが、日本人として文化財を大切にするということは反対ではないのだが、そのためにはあまりに総額が低すぎるのではないか。お隣韓国の文化予算は少し古い資料になるが日本は国家予算の0・12％に比べ0・79％《2008年度文化庁調べ》この数字現在も基本的には変わらないと聞く。これくらいお隣さんは文化を大事にしているという証だ。日本の文化庁予算は文部科学省一般会計総額5兆5428億円の1・9％に甘んじているというのも情けない限りだ。今後韓国に少しでも追いつき、追い越そうとするならば長年の懸案である「文化庁」を「文化省」に格上げをし、トップも「長官」から「大臣」に昇格して文部科学省のオコボレではなくて文化省として独自の予算獲得しない限り解決はなかろう。しかし東日本大震災以降一層厳しさを増す国の財政事情にあって果たして芸術文化に何処まで理解が示されるのか予断を許さない。今後の日本をどのような国にするのか、お題目である～新たな「文化芸術立国」実現～は、どこまで本気なのか試されている時なのかもしれない。

日本演奏連盟会員の皆様、不幸にも東日本大震災に被災された会員の仲間の多くが未だ、苦しんでおります。皆様の温かい義援金を引き続きお待ちしております。

23　大震災後の文化行政の行方

24

モラル・マナーあれこれ

人間少しでも快適に生きていこうとするならば互いの尊厳とモラル・マナーを守ることが大切ということは至極当然であろう。しかし最近電車に乗っても街を歩いていても時々考えられないモラル欠如かマナー違反に出くわすことがある。目の前で堂々とお化粧を始めたかと思うと、おにぎりにかぶりつく御仁や、歩きながら吸殻やペットボトル等のポイ棄て、繁華街のど真ん中であたかも海水浴場に来たかと錯覚するようなファッションにドキリ！とさせられる場面に遭遇した会員も多かろう。お化粧だって朝寝坊して、急いで電車に飛び乗って周囲を気にしながら片隅でちょこちょこやる分なら可愛げもある。しかし多くの場合かなり混雑している車内であっても全く無頓着にせっせとご自分の世界に没入しきって励んでいらっしゃるお姿はまさに近寄り難き哲学者風情に見える。もっと怖いのは暴走自転車だ。最近スポーツタイプが多く、そこ退(の)け！とばかりすごい勢いで高齢者も多い混み合う歩道を器用に掠めながら突走(つっぱ)しる。そういう私も東響時代苦い経験がある。某年某日深夜帰宅の折、もうすぐ自宅というところで、突如無灯火で高校生風の若者が横丁から飛び出してきて私の横っ腹に激突！若い頃から柔道で鍛え頑健を誇る私も避け切れず悶絶！幸い事故を目撃していた人が（ぶつけた若造はアッという間にいずこへ？）救急車を呼んでくださり直ちに病院でレントゲンを撮ったところ肋骨が2本折れ、もう1本ヒビが入っているというかなりの重症であった。マナー違反どころか、りっぱなひき逃げ傷害事件で警察も介入する大事になった。医師、警官から入院を強く勧められたが振り切って帰宅した。というのは次の日、故郷富山で「第九」公演が予定されており、どうしても主催者である新聞社との打ち合わせがあり現地に行かなくてはならなかったからだ。激痛のあまりに前夜は一睡もしないまま、何とか傷痍軍人の如く富山の会場に辿りついた。痛々しい姿に皆一様に哀れみと蔑視の眼差しで迎えてくれたが何とも締まらない痛～い「ふるさと第九」であった。

音楽会でもモラル・マナーが重要である。聴き終わって満足出来るコンサートにするには演奏者、聴衆、ホール、全ての関係者の協力なくして成功はおぼつかない。以前この欄で触れたがコンサート最中での暴力事件は問題外としても、最近ホールのロビーでお酒を飲ませる所が多いが休憩といってもオペラ公演で30分、その他のコンサートで15分～20分がせいぜいであろう。これだけの短時間で何も酔っ払う程飲むこともないと思うのだが、つい呑みすぎたのか席に戻るやいなやタカイビキか、だれかれと話しかけ酒の臭いをぷんぷん振りまき周りは大迷惑。やむなく退場いただくことになる。演奏会場にわざわざ来ていただくお客様は高額のお金を払って遠方から聴きにきてくださるのだから、音楽家は演奏に全力投球することはマナー以前の問題だ。充実した演奏内容は無論だが視覚的要素も大切だ。何が悲しいのか苦渋に満ちた顔と身を振り乱し汗が飛び散るような熱演も感動を呼ぶ。オーケストラのコンサートにおいて多勢の楽員が一心不乱に演奏している姿についい引き込まれる。だが中には省エネとばかり椅子の背に凭れ掛かりチンタラやっている輩を見つけた時、マナー違反どころか、すっ飛んでいってコノ給料泥棒メ！と怒鳴りつけて蹴っ飛ばしたくなる。

お客様のブラボー！と熱い拍手は音楽家にとって何よりの励みであり勇気を与えてくださるカンフル剤みたいなものだが、さりとて拍手すればいいというものでもない。例えばチャイコフスキーの第4番のシンフォニーの3楽章と4楽章の間の拍手はご愛嬌としても、同じく第6番「悲愴」や80分に及ぶマーラーの大曲、第9番の最終楽章が終わった瞬間、もしその日の演奏に感動なさったのなら、お願いだから一瞬の静寂を楽しむ余裕が欲しい。さすれば直後の拍手がより輝くであろう。これぞお客様が真に音楽家に思いを馳せてくださる証であり、同時に音楽会におけるマナーの原点ともいえるのではなかろうか。

外国人楽団員

僭越ながら最初から私事で申し訳ないが私が東京交響楽団（以後東響）にヴァイオリン奏者として入団したのは昭和38年であった。あれから48年の歳月が過ぎ去った。当時日本のオーケストラに在籍している外国人楽団員というのは皆無に等しく東響にストラダラというチェコ人で巨体コンサートマスターと確かデールというアメリカ人のトランペット奏者、日本フィルハーモニーにシュタフォン・ハーゲンというコンサートマスターが特別契約団員として在籍していたくらいで、それ以外のオーケストラでいたかどうか記憶にない。主な原因は翌年東京オリンピックを控えていたとはいえ当時の日本の物価は先進国と較べようもない程脆弱な状況にあったことと無縁ではなかった。現在1ドル75～6円の超円高（2011年8月末日現在）で大騒ぎになっているが、当時の為替相場は自由取引ではなくて固定相場制として1ドル360円で取引されていた。それくらい主にアメリカを中心として支えられており、独立国といっても経済はまだまだ独り立ち出来ない状況下にあった。私が入団して1年もしない内に東響が解散という悲劇に直面したがその数年後、サンフランシスコかロスアンジェルスのオーケストラだったと思うが日本に演奏旅行に来た際、東響と交流会をやろうということで場所もささやかに大久保にある東響の練習所で開かれた。お互い不自由な言葉ながら楽員同士一番興味があることはなんと言ってもサラリーである。アメリカ側から提示があった後、東響が額をいったところドルに換算して即座に「安いね」といわれた。解散直後のオーケストラだからといって特に薄給だったわけでもなかったと思うが、その上、判明したことはアメリカ側が週給制だったのに日本側は月給をいったにもかかわらず、その額が遥かに週給より安いことが分かり魂消た。それくらい違いがあったわけだから当時外国人が日本のオーケストラに特別契約以外で応募してくるなんてありえなかった。現在と比較して見よう。楽団員に欠員が出ると広く公募することになる。楽器によっては1人募集に100人前後の応募者が集まることも珍しくはない。私が入団した頃とは違い今の日本は多少落ちぶれたとはいえ、世界第3位の経済大国を自負しているせいか、オーディション毎に多くの外国人が目立つ。年齢制限以外は余程の変人でない限り国籍に関係なく上手ければ採用する慣わしだ。その結果東響には現在アメリカ人、イギリス人、フランス人、中国人と多彩な楽団員が在籍している。皆日本人に混ざってオーディションを受けて難関を突破したものばかりでとても優秀だ。技術力以外で長らく日本のオーケストラでやっていける特技の一つに、先ず日本食を何でも食べられるということが必要だ。ということは日本の文化に馴染めるという逞しい精神の持ち主といえよう。今年3月末日で定年退職したチェロセクションの首席奏者として30年間君臨した演連会員のベアンテ・ボーマン君はすごかった。日本食は全てOKという。外国人で好き嫌いなしと一応答えても、大概これだけはカンベン！という人が多い。ボーマンにいたっては、刺身、蕎麦、沢庵を含む漬物、納豆、塩辛、梅干、ナント、くさやにいたるまで何でもござれである。彼はスウェーデン人で金髪のイケ面ながら、下手な日本人より余程日本人的だ。東響退職後ソロ活動の傍ら、キリスト教の伝道師でもあるので教会でお説教するだけではなく、自慢のチェロを操って伝道していると聞く。余談ながらつい先日NHKラジオのラジオ深夜便という番組に出演して30年に及ぶ日本での体験談を楽しそうにインタビューに応えていた。

このところ日本のオーケストラのレベルの高さが度々賞賛されるが、無論日本人関係者の長い間の努力もさることながら、外国人楽団員の忍耐と実力が刺激となり、結果日本のオーケストラ界に大きな影響を与えた功績を忘れてはいけない。

31　外国人楽団員

旅の絆

音楽家にとって一応プロと称される演奏家は好むと好まざるとに関係なく旅はつきものだ。特にソリストは慣れぬ土地でのコンディション調整がさぞや大変と推察する。指揮者は、人によって旅先でもホテルに閉じ籠って一日中スコアーと睨めっこがいるかと思えば、あちこちのゴルフ場探しで忙しく、すごいのになるとGP時間を短くしてでもゴルフに夢中の豪傑がいるとも聞く。まさかとは思うが……。

私がヴァイオリン奏者だった東響楽団員時代、日本中隈なくというわけではないが、少なくとも全国の県庁所在地は全て公演し周った。昭和30年～40年代は今と違って地方オーケストラが少なかったためか旅も多かった。演奏旅行が始ると楽団員には旅費、宿泊費が出る。周囲からタダであちこちに行けていいね～、と羨ましがられるが、旅行なんてものは自分の意志で行くから楽しいのであって、仕事で楽団から支給されたお金でコンサートの合い間にちょこちょこ観光しても心は弾まない。

同様に自費出版本とか、○○会社の××周年記念史的なりっぱに装丁された豪華本をよく贈呈されるが、正直いって内容はともかく最初パラパラめくっても興味深く最後まで読むということは滅多にない。何にせよ自ら、なけなしのお小使いをはたくことに意味があるのだろう。そうはいっても演奏旅行の一番の楽しみは、最後の本番終了後、仲間内での打ち上げだ。各地に必ず名物料理や銘酒ありでかなりの旅行嫌いも、この時ばかりは積極的に参加して盛り上がる。

よく不思議がられるのは、日頃から一緒に練習、本番をやっているのだから当然演奏旅行も、のぼりを立てないまでも全員バスか、列車だったら一両増結して移動するものと思っているファンが結構多い。しかし楽団員というのは束縛されることを極端に嫌う。よって何月何日、○○市民会館に何時までに集合と発表されたら、自分で時刻表、現代ならばパソコンかスマートフォンなどで調べて指定券、宿を勝手に手配する。ある者は飛行機、あるいは友達同志車で行く者、1人孤独に電車で行く者、夜行で行くなど、いかなる方法で行こうとも決まった場所と時間内にたどり着けば誰も文句は言わない。楽団側も決して関与も規制もしない。その街に一軒しかないホテルでも自分の意志で予約しないと気が済まない。その代わり、例えば東響は今年創立65周年を迎えているが、今日まで楽団員自身の責任で本番に間に合わなくてコンサートの開始が遅れたり、中止になったことはない。長い間楽団が楽団員の自主性を認めているということは、事務所側と楽団員とは珍しく?強い信頼感という絆で結ばれている証なのだ。だがこのような楽団員も、突発的に演奏会が中止になるかも知れないトラブルが起きると日頃ブースカ文句ばかりいっている楽員でも自分の立場が良く分かっており、強い団結力と責任感を発揮する。

日本フィルハーモニー交響楽団が1994年9月24日、北海道演奏旅行の際、苫小牧市に移動する日の未明に土砂崩れが襲い、前日公演地だった函館市からの電車、主要道路は全て不通となったため急遽バス、船をチャーターしようとしたが連休のまっただ中だったため空きはなく万事休す!苫小牧公演は中止かと諦めかけた。が気転をきかすのがいて、とっさにタクシーを20数台確保し、数人ずつ分乗して別のルートを選び7時間かけて見事全員開演1時間前に到着、地元主催者から感謝され絶賛された。しかしその日の出演費の多くは一台8万円以上のタクシー代で消えてしまったという。

音楽家は100人前後であれ、個人であれ如何なることが起きようと音楽に対して真摯な態度と緊迫感を持って演奏会に臨む。オーケストラの場合1人でも欠けるとコンサートが成立しなくなるのだから、楽団員の責任は重い。

35　旅の絆

文化芸術振興基本法制定10周年を迎えて

　昨年この法案が制定されて10年の歳月が経過したことは何はともあれご同慶の至りである。これを記念して11月にシンポジウムが開かれた。来賓として中川正春文部科学大臣（当時）がご臨席され、鈴木寛前文部科学副大臣（当時）の司会により開始、パネリスト役の超党派の先生方より活発な意見交換がなされた。さすが皆さまそれぞれ造詣が深く、薀蓄を傾けられ芸術文化の大切さについてもっともな自説を語られ、心強いものを感じた。むしろこんなに日頃からこれだけの大物政治家が興味を持ってくださっているのに、なぜ今日における貧困な文化行政に甘んじられているのか不思議にも思った。何しろ文化立国を目指しているはずの日本の文化庁予算は国家予算の0・1％に過ぎないのが現実である。何とかならないものかと今日まで毎年のように各政党や議員会館に何十年にわたり陳情を繰り返しても反応が薄く、我々仲間はこのところ少々バテぎみである。度々変わる総理大臣や、あるいは政権が変わった時、その都度縋るような気持で期待するのだが施政方針演説を聞いても芸術文化の言葉そのものがほとんど出てこない。文化庁予算が1000億円に辿りついたのは2003年だったが、その内、文化財保護費に600億円計上されている。残りの400億円に全ての芸術団体が群がっていることになる。その後1000億円を多少越えてきたが、これには数字の魔術よろしく、全体予算として増えてもそれは我々に関係ない新たな項目を増やしたに過ぎず直接関係のある例えば「重点支援」とか「人材育成」といった項目に至っては置き去りどころか、むしろ減らされている。先日のシンポジウムの時文部科学大臣の挨拶で突然文化庁予算を0・1%から0・5%にするといったのは、すぐに実現といったのか将来目指したいといったのか、いきなりだったのでこちらも心の準備がなく泡を喰ってしまい、哀れにも肝心なところを聞き逃がしてしまった。大臣の真意は何だったのか、ひょっとしてこちらの空耳だったのか、近い内にぜひ質したい。

戦後国民の努力によりついにアメリカに次いで国民総生産が世界第2位（現在は第3位）となり、これ自体すごいことであり、りっぱなことではあるが、この結果有頂天になってしまったのか極端に物質優先の世の中になってしまった。この強力な経済をバックに健全な文化国家を構築するには芸術文化は絶対必要であると英断する政治家なり行政官は出現しないものか。国家予算の10%よこせといっているわけではないのだから・・・。

ものの本で日本が幕末から明治維新になってかなり混乱しているはずなのに、一般庶民は外国人から見て身なりも貧しくボロ屋に住んでいるくせに、互いに礼節を守り、いつもニコニコしていてとても幸せそうに見えるけど、なぜだろうと不思議に思ったという。欧米人にとって貧しいということは恥ずべきことであり、考えられないことであったのであろう。昔の日本人は心が豊かなら貧乏でも幸せだったのだ。今の日本は14年連続3万人を越える自殺者という悲劇が続いているが、中には子供の自殺も多く、ましてや親が我が児を虐待し、挙句の果て親子とも互いに殺し合うような犯罪多発は、今より遥かに貧しかった我々子供の時代では思いもつかないことではなかったか。金儲けを最優先してきた結果、物質的に豊かになることが人生最大の幸せと考え、これに落伍した人間は夢も希望も失い、落ちこぼれと差別されてきた結果と無関係とも思えない。そろそろ経済も怪しくなってきた今日、これを逆のチャンスと捉え、GNP（国民総生産）に変わってブータン国ではないがGNH（国民総幸福）を目指して（何も国民の97％「幸せ」と応えなくて良いではないか）真の文化立国として生まれ変わった日本を世界中にアピールすることは不可能なのか。このままではせっかく10周年を迎えた文化芸術振興基本法も掛け声倒れで何年たっても実質的に何も変わらず、日本国は3等国に落ちぶれ、やがて滅びる。

日本のオーケストラは何を目指すべきか

今に始ったわけではないが日本のオーケストラについて何か書こうとするとあまりに課題が多過ぎて戸惑ってしまう。

社団法人日本オーケストラ連盟というのがあって設立され社団法人化されたのは1995年だからかなりの年月が経っているのだが、次から次に問題が噴出して事務局を中心に関係者の苦労は並大抵ではない。この連盟には全国の主だったプロオーケストラが加盟しており現在正会員、準会員合わせて31団体に及ぶ。予算規模を見ても最高がN響の32億円とずば抜けており、例えば在京の自主オーケストラで12億円から14億円くらい、地方オーケストラは大きいところで10億円前後、中には1億円にも満たないというのもあり様々だ。少し前になるがロサンジェルス・フィルハーモニックが来日の折、そこのプレジデントからアメリカのオーケストラ事情というテーマでお話しを聞く機会があった。デボラ・ボーダーさんといって何でも10年前にニューヨーク・フィルから引き抜かれて来たという女傑である。何もかも驚きの連続だった。ロス・フィルを21

世紀中に世界屈指のオーケストラにするには先ず専用のホールと予算規模を倍額にすることの大切さを説き、数年後見事に実現してしまったという怪物オバサンだった。結局専用のホールも作り、来た当時４０００万ドルだった《日本のオーケストラにとってこれでも羨ましいが》予算も９５００万ドル、他に基金1億７０００万ドルを集め、スタッフも１４０人（全員有給）というとてつもない大オーケストラに成長させた。今日における超円高の時代で換算しても、我が国を代表するN響の予算と較べてあまりの違いに唖然とする。もっともビックファイブといわれるアメリカのオーケストラはどれを取っても似たようなものだという。ヨーロッパに目を向けてみよう。アメリカと違い税法も違い国の成り立ちも規模も違うので比較は出来ないが、企業の寄付によって芸術文化が支えられているアメリカに対してヨーロッパの場合は国民が支えているといっても言い過ぎではない。元来クラシックというものは18世紀までは貴族の持ち物であり王様の意向によって支えられてきた。しかし１７８９年に勃発したフランス革命はやがてはヨーロッパ全体に広がり産業革命へと発展し民衆は目覚め、貴族社会が崩壊した。貴族の持ち物であった芸術文化は民衆から支持され世間が次第に落ちついてくると、わが街にオーケストラをとか、オペラ劇場といった声が段々大きくなりやがては民衆の意思で次々と設立されていった。やがては民主主義の時代になっても国民によって文化団体なり劇場が設立され、これら全てが国民のコンセンサスを得ていることになるから、自分の税金が芸術のために使われても興味あるなしに拘らず文句はいわない。

一方日本の場合、そもそも芸術団体が設立された動機は国民の声ではなくて芸術家自身の願いによって設立されたものであり、民意とは関係なく社会的需要に基づいて誕生したとはいい難い。つまり民衆からの掛け声ではなくて「先ずは演奏家ありき」がスタートラインといわざるを得ない。その結果今日いくら我々が声を大にして「もっと芸術文化に予算を！」と喚いてみても金を出す方にしてみれば、「オタクたち勝手に設立したのだからどうぞお好きに」ということになる。それが証拠に歴代総理大臣の施政方針演説を聞いても芸術文化の大切さどころか、文化という言葉そのものが殆ど皆無だ。この前までの経済大国のオコボレによって一握りの民間人の努力で辛うじて世界に肩を並べる部門も多少見られ賞賛の声もあるが、殆どの音楽団体の中味たるや、とても脆弱で、貧相だ。せめてバブル時代まで続いた経済大国が今日まで継続しておればやり方もあるのだろうが、国の経済そのものが怪しくなってきた今日、今後芸術文化の将来を憂うどころか、日本国そのものがこのままいくと埋没しかねない状況にきているのではなかろうか。どこかに平成の坂本龍馬か勝海舟が出現しないものか……

忘れ難き指揮者（その1）

いきなり私心を書くのも甚だ僭越と感じつつ、今日まで私自身プロの世界に携わること楽員時代も含めて半世紀近い歳月が流れた。この間多くの素晴らしい音楽家と出会ったが、特に故人ながら印象深く忘れ難き指揮者がいた。日本音楽界全体の重鎮であり大恩人近衛秀麿氏である。黎明期の傑物であった。

近衛さんは公爵近衛篤磨の次男として１８９８年東京麹町で生を受けた。当時の近衛家には36人のお手伝いさんがいて何かと格式高い「桜木邸」と呼ばれていたお屋敷だった。それもそのはず先祖は大化の改新で蘇我入鹿を倒した中臣鎌足を祖とし、幕末期まで天皇家に最も近い五摂家の筆頭という歴史的な名家だった。当時お屋敷にはピアノとヴァイオリンが備えられており、ピアノは鹿鳴館で使用されていたスタインウェイ、ヴァイオリンはストラディヴァリだったかどうか定かではないが母親が輿入れ時に持参したものだった。近衛さんには7歳年上の文麿という音楽好きながら後に総理大臣を3度務め、終戦直後服毒自殺をしたお兄さんがいた。この人の影響も大きく幼少の頃よりめきめきと音楽的才能を発揮して周囲を驚かせたという。その後指揮者を目指し、ついに１９２４（大正13）年単身ドイツに渡りベルリン・フィルハーモニー管弦楽団を指揮し同国で「プリンス近衛！」と呼ばれ脚光を浴びた。以後欧米を訪れること12回、90以上のオーケストラと協演した。ベルリン・フィルの定期演奏会も都合6度振ったという逸話の持ち主である。近衛さんが渡独した頃の日本には未だプロのオーケストラは存在していなかった。当時すでにヨーロッパでは巨匠フルトヴェングラーが38歳ながら世界的大指揮者の誉れが高く、又近衛さんとも深い親交を持っていた。

近衛さんはドイツより帰国後１９２６（大正15）年新響（現N響）を結成、１９４６（昭和21）年東宝交響楽団（現東響）の立ち上げに参加、その後近衛管弦楽団、ＡＢＣ管弦楽団等を設立した。私が東響に入団したのは１９６３（昭和38）年だったが、近衛さんはお元気で活躍なさっていた。何度かご一緒させていただいたが想い出すのは１９６４年2月頃だったか、ジャズ界の大御所ベニー・グットゥマンが珍しくモーツァルトのクラリネット協奏曲を協演し名演を聴かせてくれた。この時に限らず近衛さんの指揮は黙示的というか早い話、何を振っているのか皆目理解出来なかった。曲はモーツァルトなのにあたかも現代音楽を振っているかの如くで、プロのオーケストラに入り立ての私に限らずベテランでも結構手こずったらしい。その近衛さんを親しかったフルトヴェングラーに因んで「フルトメンクラウ」（振るとめんくらう）と陰で揶揄した。名門出ながら威張るわけでもなく人柄が抜群で皆から「オヤカタ」と慕われつつ一世を風靡したが、ただ一つ欠点というか近衛さんらしいエピソードがあった。飛びぬけた艶福家の噂があった。これについて詳しく触れたかったが、今回の号は東日本大震災後1年という追悼も兼ねており、必ずしもこの時期に相応しくない話題であることを鑑み、又の機会とすることをお許しあれ。

戦後世の中も大きく変貌し、それまで苦労知らずの近衛さんの身辺に擦り寄って来る輩に不遜なのもいて、時には不渡りを掴まされたり、当選する見込みもない選挙に担ぎ出されたりで晩年は必ずしも幸せではなかった。前述の使用人36人付お屋敷で産まれた近衛さんだったが亡くなる頃は、住まいもあちこちと借家巡りだった。近衛さんと親しかった音楽プロデューサー中野雄氏はある本で「近衛秀麿を横綱だとすれば次に続く長老といえる指揮者が出現したとしても、せいぜい前頭か十両がやっとであろう」

1973年6月2日、巨星墜つ！波乱万丈の75年、栄光もどん底も幾年月の人生だった。

47　忘れ難き指揮者（その１）

忘れ難き指揮者（その2）

前回の近衛秀麿さんも凄かったが、その比ではないエピソードの持ち主がいた。名前を山田一雄（1912年生まれ～1991年没、享年78）という。我々は「ヤマカズさん、ヤマカズセンセイ」と尊敬し親しみを込めて呼んでいた。ヤマカズさんは近衛さんと違って決して格式ばった名家出身ではなかったが、小柄な身体から醸し出される音楽は魅力的でスケールが大きかった。しかしこのセンセイの指揮振りも周囲を困惑させた。近衛さんの「振ると面くらう」と較べてどっちもどっちだった。すごい才能の持ち主ということは誰しも認めるところだが失敗も多かった。オーケストラ側が本番後あきれ返って「もうヤマカズとはやらない！」といってしばし空白の期間が出来るのだが、いつのまにか「ヤマカズどうしているかな～そろそろ…」と再会を懐かしむという不思議な指揮者だった。何だかんだといって惑わされながらも聴衆、楽員に言葉では言い尽くせない感動を与えた。又ストラヴィンスキーの「春の祭典」をはじめとして多くの作品を本邦初演しただけではなく、作曲、編曲も含めてあらゆる分野で才能を発揮した。

ヤマカズセンセイというと古いファンなら一度は耳にした傑作がある。本番中突然指揮台から消えてしまうのである。あまりに音楽に没頭しすぎるのか興奮しすぎて指揮台から客席に転落してしまうのだ。いろんな人の話を総合してみるとどうやら1度や2度ではないらしい。指揮者が突然いなくなったオーケストラは演奏を止めるわけにもいかず、やむなく主役不在のまま何とか続けるのだが、しばし舞台袖から指揮しながら現れるものだからお客さまには大受けの大喝采！ただ不思議なのは少なくとも当時の舞台は1メートルくらいあったと思うが、あの高さから客席に後ろ向きで落っこちたら、たまには怪我をしてもよさそうなものなのに、何故かいつも無事だった。なんでも子供の頃体操の選手でいろんな大会に出場していたくらい本格的にやって鍛えていたとかで、あれくらい平気と本人がいっていた。

かなり前の話になるが東響のコンサートでベートーヴェンの交響曲第6番（田園）と第5番（運命）をヤマカズさんとやる演奏会があった。曲の順番は第6番の「田園」を先にやることが決っていた。ご存知のように「田園」の出だしは静かに始まるが「運命」はまったく逆で指揮者も演奏する方も最初の出だしが「ｆｆ」で8分休符から始まる。振り方も気合を入れて人によって振り方もまったく違うのでオケも緊張する。この曲をやるときはどの指揮者も気合が入るのか肩を怒らせて舞台袖から出てくるが、ヤマカズを見て「順番勘違いしている！」と誰しも察した。案の定指揮台に上がるや否や全力で振り下ろしたがオケの方はまったく無視して静かに「田園」を弾き出した。出鼻を挫かれたヤマカズさん、3小節くらいは指揮台でお口をパクパクしていたが、その内に何事もなかったかの如く「田園」に振り変えたものだから本番中とはいえ楽員は笑いを堪えるのに必死だった。

私が楽員時代の1974年頃だったかと思うが愛すべき事件が新宿厚生年金ホールで勃発した。同じく東響のコンサートで名曲ながら難曲マーラーの交響曲第9番をやった折、80分に及ぶ大曲で終楽章の中ほどに、ここだけは指揮に頼らないとどうにもならない箇所があるが、そこに来た時ヤマカズセンセイ、突如「今、どこ？」と振りながら何度も怒鳴り出した。指揮者が何処をやっているのか分からなくなったらしい。今頃そんなことといわれても楽員の方も自分の楽譜を見るのが必死なところだから無視して演奏していたら当時のコンサートマスター嶋山寛さん、やおら「今、新宿厚生年金ホール」と応えた。双方大声だったので恐らく客席にもこのやりとりが聞こえたと思うが、オーケストラの演奏会で声楽が入っていないはずの曲なのに怒鳴り声が飛び交うのを聞かされたお客さま、さぞ驚いたことであろう。さすがヤマカズセンセイ即座に「あっ、そう……」

演奏に関っていた1人としてその時の結末がどうなったか、まったく記憶にない？

忘れ難き指揮者（その３）

「忘れ難き・・・」シリーズの最後として今まで紹介した指揮者とは違った意味で、とても印象深い音楽家に触れてみたい。

その名をアルヴィド・ヤンソンスという。

今や世界中のファンから期待され大活躍している名指揮者マリス・ヤンソンス氏の父親だ。

アルヴィド・ヤンソンスは１９１４年旧ソ連邦ラトヴィアのレイバヤという街に生まれた。若い頃はヴァイオリニストとしてそれなりに活躍していたそうだが、その後指揮者を目指して１９４６年全ソヴィエト青年指揮者コンクールでの優勝を機に本格的な指揮活動に入った。１９５１年スターリン賞を受賞したことが認められレニングラード（現サンクトペテルブルク）・フイルハーモニーに迎えられた。１９５６年には常任指揮者に就任、当時より世界的巨匠といわれたエフゲニー・ムラヴィンスキーと共に世界第一級のオーケストラに育てた。

１９５８年レニングラード・フィルが来日の折、ムラヴィンスキーと同行したヤンソンスはスケジュールの合い間に東響を指揮する機会が与えられた。以後５度来日し同楽団の実力を飛躍的に展ばすことに貢献した。

だが練習内容はただ事ではなかった。私がヴァイオリン奏者として入団した１９６３年頃は確か３度目だったかと思うが、それでも生半可な厳しさではなかった。だが最初に来た１９５８年当初はこんなものではなかったと先輩達から語り伝えられた。先ずヤンソンスが練習所内に入ってくるやいなや、ホールに掛かっている時計を外させ、楽員の腕時計もポケットに仕舞うよう指示した。その後すぐに練習開始かと思いきや、コントラバスのチューニング（音あわせ）に50分かけ、その間楽員の誰もが物音一つ、発しさせなかった。ようやく練習が始まったが、２時間、３時間経過しても休憩の気配さえない。考えてみると当時のヤンソンスは45歳前後と若く、スタミナにかけては世界的に有名なラトヴィア民族だから草食系の日本人には酷過ぎた。休憩どころか終了時間がとっくに過ぎても終わる気配もなく練習は延々と続く。アマチュアを指導するが如く、管も弦も１人１人弾かされ地位、見栄、何もかもズタズタにされ誇り高き御仁も立つ瀬がなかった。皆恥じをかきたくないから家に帰っても必死にさらった。考えてみると当時の東響に限らず、大部分のオケの管楽器奏者は旧海軍か陸軍の軍楽隊上がりが多く在籍していて、日頃から世界一流を振っているヤンソンスが当時の日本のオーケストラを何とかしようと思えば、その分練習を厳しくせざるを得なかったのであろう。しかしさすがに本番の演奏評価はかってないものであった。当時辛口評論家として名を馳せていた山根銀二は新聞紙上で「ヤンソンスは**鉛を金に替えた音の錬金術師！**」と最大級の賛辞で褒めちぎった。褒められた楽員は「なぁ～んだ、オレ達、鉛だってさぁ～・・・」と嘆きつつ、あんなにシゴカレタことも忘れ、練習、本番を離れると慈父のような人間愛に満ちたヤンソンスを誰もが慕い、尊敬し、感謝した。

良い悪いはともかく、もし今時このような指揮者が存在したなら多分暴動か練習ボイコットが起き、誰がこんな指揮者を招聘したのかということで大問題になったに違いない。しかし最近日本の指揮者の中には内外で大活躍している人も目立つが、中には「申し訳ありません、恐れいります」を連呼し、ただひたすら平和的に練習を奨めることのみを目的としているかのような指揮者もいるということを耳にする時、これも時代の流れと思えなくもない。

１９８４年11月英国マンチェスター市のハレ管弦楽団において練習中、長年患っていた心臓発作が発症し1週間後不帰の人となった。享年70。訃報に接した東響は黙祷を捧げ、音楽的に「礎」を築いてくれたアルヴィド・ヤンソンスに対して「永久名誉指揮者」の称号を推挙し、永遠に偉業を称えている。

スプリング・ソナタ

僕の故郷は富山県立山村（現立山町）といって取り立てて自慢出来るものはないが、立山連峰が後ろに聳え、とても風光明媚な所である。生まれた当時は戦争の雰囲気が漂うきな臭い世相だったようだ。しかし昭和天皇と同じ年生まれで音楽好きの親父は朝から家中に鳴り響くような大音響でＳＰレコードをかけ、毎朝これで家族中の目覚まし時計の如く全員を叩き起こすことが役目でもあった。ハイフェッツ、エルマン、クライスラー、カザルス、コルトー、フルトヴェングラー、カルーソー、シャリャーピン等など…毎朝誰も聴いていないレコード鑑賞会の始まりだった。何でも親父は大正時代の早稲田大学（当時は早稲田専門学校？）に在学中、独学でヴァイオリンを勉強してこの学校のオーケストラ（ワセ・オケ）に所属していたことが自慢だった。願わくばもっと専門教育を受けて専門家になることが夢だったらしい。しかし家の跡取りのはずの長兄がとんでもない道楽者で周りから借金をしまくったあげく突如アメリカにドロンしてしまった。心ならずも次男である親父が金山家の采配をとらなくてはならなくなり、やむなく学校を中退して急遽富山に戻るはめとなった。しかし音楽への情熱は棄てきれず、その矛先が僕に降りかかった。当時小学5年生だった僕は村でも評判の悪ガキで暴れまくっていた。スポーツ好きだったにもかかわらず兄弟4人の末っ子だったことも影響したのか、ヴァイオリンを習うよう強いられた。この世で唯一怖かった人間から逃げはゆるされなかった。しかも親父自ら教えるという。だがその実力は毎朝聴かされたハイフェッツやエルマンと較べるべくもなく、のこぎりでガラスを切るかのような音色を横で朝夕聴かされると、背筋は寒くなるしバカくさくなって練習もサボりまくった。その結果パンチが飛んできたのは5回、10回で済まなかった。のこぎり親父が最も敬愛してやまなかった作曲家はベートーヴェン、中でもスプリング・ソナタを賛美歌の如く愛し、よく調子ハズレで唄い、時には口笛を聴かされた。そうこうしている内にヴァイオリンを始めて半年も経った頃、僕に憧れのスプリング・ソナタを何とか弾かせたくて試しにやらせたところ、驚くなかれ、その場で弾けたではないか！驚喜した親父は地元の校長先生の耳元で囁いたかどうか定かではないが、校長先生即座に「ヴァイオリンを始めて6ヶ月でスプリング・ソナタを弾いた少年が出現！立山村に天才少年現る！」という触込みで校長会で宣伝しまくった。しばらくするとあちこちの学校よりコンサートの依頼が入り、もはや僕の意志など関係なく、いろんな学校の講堂で演奏するハメになった。それ以後マネージャーにでもなったつもりか親父は何処に行くにもついてきた。しかし小学校も終わり中学校も2年生になった頃、さすがにこのまま、自分が教えることに多少なりとも不安を感じたのか、金沢に篠原虎一という北陸で一番といわれていた先生にレッスンを受けるチャンスがあり、早速金沢まで行って自慢の息子をみていただいた。初対面だから何か弾いてごらんということになり、当然ながらスプリング・ソナタを披露した。黙って聴いていた篠原先生「この子はなんと言う人に習っていたのですか」と親父に問い質したところ、褒められると思った親父、得意げに「私です」と応えた。暫しの静寂後「もし私に今後レッスンを望むならば、一つ条件があります。お父さん、今後絶対にお子さんを教えないでください」

立山村天才少年物語終焉の瞬間でもあった。その後日曜日毎に一日かけて当時のＳＬに乗り継いで立山村から金沢まで通い、あらゆる奏法を厳しく修正させられた。専門家を目指すなら東京で音楽教育を受けるべきという篠原先生の勧めもあり、昭和31年15歳で未だ戦後の復興半ばだった東京に行き新たな世界に挑戦した。今にして人生を振り返る時、スプリング・ソナタにあそこまで情熱を傾けた親父の志の矛先が僕でなかったら、幸か不幸かは別にして、少なくとも今とはまったく違った生き方を歩んでいたことであろう。

禁煙

僕は以前、生半可なヘビー・スモーカーではなかったが禁煙して32年の歳月が流れた。それは僕とタバコの戦いの歴史でもあった。この際そろそろ時効と思うから白状するが、吸い始めたのは10歳頃だから前回のスプリング・ソナタの折に触れた村で評判の悪ガキ時代で親父からヴァイオリンで虐げられた時期と合致する。それも半端ではなくて武田鉄矢の歌の文句ではないが、中学生の時すでに、歯の裏真っ黒で校医に見つかり、えらく叱られたのを覚えている。

タバコにまつわる大きな失敗として思い出すのは稲の収穫真近かのある秋の日、家の前の田んぼで悪ガキ数人と稲刈りが終わって干すために積み重ねてある稲の陰でこっそり吸っていたのが、その時の火の不始末で一反の稲を全部燃やしてしまったことだ。幸い我が家の田んぼだったので刑事事件にはならなかったが、消防自動車も来るわ、で村中大騒ぎになった。あまりのことにびっくりして逃げたが、空腹に耐えられず家に戻ると、日頃あんなに厳しかった親父に気持が悪い程優しく諭された。当時我が家は近所のお百姓さんにお願いして作ってもらっていた大切なお米だった。親父曰く「今日、オマエの不注意で燃やしてしまった稲はもう戻らないが、ここまでに到る半年間、4月に種を播き、5月田植えを行い猛暑の夏には草取り、肥料をやり、ようやく秋になって収穫する直前だったのだ！」このお説教が利いた。結局親父に連れられてその農家に行き号泣し土下座して許しを乞うた。さすがに懲りてもうタバコは吸うまいと決心したのだが、煙草を吸われる御仁ならお分かりかと思うが、一度味を覚えるとそうそう簡単に止められるものではなく結局元どおりになってしまった。ついには禁煙した10年くらい前には1日にハイライトを4箱から5箱、つまり80本から百本吸うことになり、30分と我慢出来ない身体になってしまった。

　息子が小学校2、3年生くらいだったと思うが、僕も一応いっぱしの教育パパを気取り、それくらいの低学年なら何とかなると思って息子の勉強を見ることにした。その一環として明日から漢字テストをやると宣言をした。約束として、その日出来なかった漢字は必ず翌日までに覚えておく、これは男同士の約束ということで堅く息子と契りを結んだつもりだった。ある日息子はほとんど勉強していない日が何日か続いた。怒った僕は息子に「オマエはなぜ平気で約束を破るのか、これは男同士の約束ではなかったか。

どうしてそんなに意志が弱いのだ!」と詰った。しばし黙していた息子、ポツリといった。「お父さんだって意志が弱いではないか。」「何が」「僕たちがあんなに嫌いな煙草を場所もわきまえず何処ででも吸っているお父さんこそ意志薄弱だ」とぬかした。そうまでいわれた僕は「何?タバコ?あんなものいつでも止められるさ!」と豪語してしまい引っ込みがつかなくなり、あっさり禁煙宣言してしまった。ひょっとしてあれは僕の性格を熟知している息子と家内の共同作戦だったのではなかったのかと今でも疑っている。さあ〜大変!何しろ30分も我慢出来なかった男がいきなり禁煙したのだから発狂寸前になったのも無理からぬこと。悪友どもはこのときとばかり寄ってたかって盛んに煙を吹っかけた。多分誘惑に負けて1本でも吸ったら元の木阿弥になっていたことであろう。ところが不思議なことに、あれほどのヘビー・スモーカーが禁煙して5年くらい経過した頃から、タバコの臭いを極端に毛嫌いし出した。ヤニ臭い人間から出来るだけ離れ大好きなお寿司を食べている最中、無神経なオッサンが断りもなく近くで喫煙されると殺気さえ覚えることがあるから人間勝手なものだ。

昨年家族から煩くいわれて三井記念病院に1泊2日かけて人間ドックを受けた。全身診てもらったが幸い何処にも異状は見つからなかったが、担当医から一ついわれたのは

「金山サン、肺の検査もしましたが、昔相当タバコを吸っていましたね。ヤニで真っ黒でしたよ。」

風雪30数年、ゲニ恐ろしきはタバコの怨念なり！

天才音楽家　山本直純の生涯

　指揮者で作曲家の山本直純(なおずみ)さん（以後直純さん）が亡くなって早いもので10年の歳月が流れた。直純さんは何を語らせてもその蘊蓄に敬服したものだが、一方これ程破天荒な人生を歩んだ音楽家もいなかった。何もかもが型破りだった。バブル華やかりし頃、「大きいことはいいことだ」という某チョコレートのＣＭが当時日本中で流行語になった。音楽もあらゆる分野に長けていてクラシックは元より児童合唱、テレビ、ＣＭ音楽、特に映画音楽に多大な貢献をした。特にこの部門ではお馴染み、山田洋次監督、渥美清主演の「男はつらいよ」の音楽を担当し、全48巻全部に関ったかどうか私には不明ながら時代が変った今日でも、この映画を知らない人はいない。特にテーマ音楽は作詞が演歌の大御所、星野哲郎氏だった。流れからいってこの御仁だったら当然演歌の親分が曲を受け持つと思うが、作曲は直純さんが指名された。まさに見方によってはミス・マッチといえなくもない。だが当時小林俊一という名プロデューサーはこのドラマのテーマである下町の人情と日本人の心という共通項でこの２人の特性をぴったり見抜いていたのだろう。結果、今日まで続く大ヒットとなった一役を担った。人柄は豪快ながらとても神経細やかで本音は優しい男だった。たいして強くもない酒をかなり無理して呑み明かしていた。東響にも時々指揮をしに来ていたが、終演後「オイ、カナヤマ行くぞ！」といわれやむなく（？）のこのこついて行くと大概明け方まで帰してもらえなかった。勘定は自分では支払わないが、かといって同行者にはいっさい出させなかったので正直助かった。その分、直純事務所が心配して無理やりつけた秘書が支払った。呑みだしたら1軒どころか2、3軒では収まらず、あまりに無軌道な呑み方をするものだから、同行秘書が健康を心配してか、はた又お金が足りなくなったのか二人は帰りしなにレジでよく揉めていた。

聞いた話だが若かりし小澤征爾さんがヨーロッパに武者修行に行く壮行会で、3歳年上の直純さんは指で三角を示し、「オイ！オザワ、オマエはこの三角形の世界の頂点を目指せ、オレは日本に留まり三角形の底辺拡大に専念したい。そっちはオレに任せろ！」と約束したという。後に期待に違わず世界的大指揮者として君臨した小澤さんもりっぱながら、クラシックの大衆化に音楽生活の生涯をかけた直純さんの努力と功績は他の追従をゆるさない。しかも常日頃いっていたことは目的を達成するためだからといって、肝心の音楽の敷居を落しては何もならない、と強調し、それを実行したことだ。人間、人柄なり業績を称える時、「この親にしてこの子あり」と例えるが、直純さんの場合は「この奥さんにして直純あり」といわれても誰も異論はなかろう。この夫婦を一言で表現すれば「おしどり夫婦」といえるのだが、そんじょ、そこらの「おしどり…」ではなかった。囁かれているのは直純さんが明け方まで呑み明かし帰宅したがらないのは、家にはコワイ正美さんが玄関先でオンナ仁王様の如く立ちはだかっていたからだという説もある。2人の出会いも直純さんらしい。1年浪人して改めて芸大受験の日、コールユーブンゲンの試験会場である奏楽堂が分からず、うろうろしていたところ、たまたま構内で通りかかった赤いオーバーに髪が長い女の子に試験場は何処?と聞いたのが後の愛妻、正美さんだった。無事入学をゆるされた直純さんは赤いオーバーの子がどうしても忘れられず捜したところ同じ作曲科にいることが判明し急接近し、後に幸せな家庭を築いた。その後クラシックの底辺拡大の情熱は相変わらずで、TBSテレビで始まった『オーケストラがやってきた』という名物番組が誕生した。世界で活躍中の小澤征爾さんも帰国毎に多忙なスケジュールを割いてゲスト出演した。これは壮行会で直純さんと約束したことを少しでも応援しようとした小澤さんの友情出演にほかならない。

頑丈だったはずの直純さんも底辺拡大運動と長い間の音楽の仕事の疲れ、何よりも破滅的で無茶くちゃな実生活で体調を崩し、惜しまれつつ2002年6月18日力尽きた。享年69。10ヶ月後愛妻正美さんも同じ病で天に召された。

いじめ模様

このところ新聞、テレビその他のメディアで連日報道されているニュースに「いじめ」がある。中にはそんな生半可な表現ではなく、これはりっぱな犯罪行為であり傷害、暴行、脅迫、虐待、拷問、時には殺人幇助罪のいずれかに該当するのではないかと断言する輩もいて、最近では警察も介入するようになった。昔からいじめはあったと思うが今日のようにここまで陰湿ではなかった。滋賀県大津市で昨年10月に起きた中学生の自宅マンションから飛び降りた事件が大きく取り上げられているが、なぜ今頃になって大きく報道されるのか、何度新聞を読んでも理解出来ない。音楽関係の私がなぜこのような大きな社会問題をテーマにして書こうとしているのか、疑問に思われる会員もいらっしゃるかも知れないが、たまたまつい先日私の目の前で遭遇したことがあまりにショックで、ほんの一部だと思うが今の子供達の心に潜んでいる病巣みたいなものに触れた思いに、このまま黙っていたならば、私も同罪では無いかと憂い、子供の世界のこととはいえ、敢えて文章にした。このままでは大げさではなくて日本の将来はどうなるのかと暗然としている。

去る7月のある日、いつもの通り出勤のため某駅始発の電車に乗って有楽町駅に向かっていたが、このところ毎日のように途中から小学校上級生と思われる生徒が団体で乗り込んで来た。学校で注意されているのか、子供の集団にしては随分静かだなぁと感心していたら、ある日、今までと違ってかなり賑やかな生徒が乗り込んできた。後から知ったことだが、たまたまこの時期、日比谷の日生劇場で開催している子供ミュージカルを鑑賞するために教育委員会の推薦で、その区の6年生が学校ごと集団で観に行くということで、私が乗っている時刻に連日、子供達が乗り込んできたということらしい。

そんなある日のこと、私が座っている席は3人がけで隣の席2席が途中で空いたと思っていたら、周りの子供達がおどおどした感じの女の子を引っ張って来て「空いたから座れよ」とかなり強い口調で強要しだした。その子はいや、いやと拒絶していたが、何人かが、無理やり座らせてしまった。驚くのはその後だ。いきなり、5、6人の子供達が不気味にも無言で殴る、蹴るが始まり、女の子は以外に泣きもせず、ひたすら防禦するのみで肘で顔を守るのが精一杯だった。驚いた私は「オマエ達何をするのだ！」と立ち上がり思わず怒鳴りつけた。すると何事もなかったかの如く静まり返った。私は「何故あんなことをしたのか」と詰問したところ「だって電車の席が空いても座ってはいけないと先生からいわれていたのにあの子は座ったからだ」と主張した。唖然とした私は「その前に君達はあの子を無理やり座らせたではないか」といったら皆顔を伏せてしまった。ようするに最初から単なる「いじめ」が目的だったのだ。私にも小学6年、4年の孫がいることもあり、とても他人ごととも思えず、その陰湿さに戦慄した。我慢ならなくなった私は降りる時、隣の子に学校名を聞いたが、考えて見るとかなり車内は騒然としたのだから、当然近くに学校関係者がいたと思うが誰1人名乗り出なかったばかりか、周囲の乗客も沈黙だった。事務所に着いてすぐにその学校の所在地である区の教育委員会に電話をした。出てきたのは指導主事という立場の人だったので一部始終そのまま伝えた。さすがに驚いてすぐ調べて返答するということになったので待っていると夕方になってその学校の副校長と名乗る女性教師から電話があった。思いあたる子供達に事実を追及したところ、確かにそのようなことがあったと子供達も認めたという。ひたすらご心配をおかけして申し訳ないのみで、あたかもテレビに映る大津市の学校なり教育委員会の記者会見を彷彿とさせるのみだった。心配なのは私がとった行動で逆にあの気弱そうな女の子が今後ますます陰惨にいじめられるのではないか、その結果万が一大津市のような事件に発展してしまったら、とんでもないことなのでくれぐれもその点をしっかり見守ってやってくださいと副校長に要請するのが精一杯だった。海外に目を向けてみても連日報道されているシリアの大虐殺や、テロの恐怖、アメリカで度々勃発する銃の乱射事件等の事件とは較べるべくもないが、世界中が何か総ヒステリー状態になっているのではなかろうかと思われる昨今である。

三人の会

先日、日本作曲家協議会創立50周年記念パーティというのが都内某所で開催され、演連にも招待状を賜りお祝いに駆けつけた。この協会には現在４００人以上の会員がいるそうで日本にそんなに多勢の作曲家がいるのだと改めて驚いた。今日までの関係者の苦節50年を思う時、心から敬服したい。

パーティで何か話せということで挨拶している内に、それより以前に作曲家グループ「三人の会」というのがあったことを想い出した。この会は１９５４年が第1回発会コンサートだそうだから、作曲家協議会より8年古いことになる。当時新進気鋭の若手作曲家として注目されていた芥川也寸志、團伊久磨、黛敏郎の３氏によって「三人の会」と名付けられ、結成された。３人共、音楽的才能は際立っており、そればかりか作品も含めて人間的にも個性的でとてもユニークな音楽家だった。発足当時の古い資料によると、３人の作品だけではコンサートとして時間が足りなかったらしく1曲だけ関係ない曲を加えた。この曲のみ指揮者の上田仁氏が振り、その他自分の曲は各自で指揮したとある。

つまり自作自演だったわけだ。しかし名作曲家といえ、必ずしも名指揮者とは限らず練習初日から当時の楽員は相当手こずったらしい。結局この会も第2回まで東響が担当し、第3回、4回はN響、第5回は大阪フィルとある。3人の会のコンサートとしてはこれで終了したらしいが、指揮はヘタでも、彼らが残した影響は作曲界のみには留まらなかった。芥川さんの代表作は交響3章、弦楽のための三楽章トリプティークなどがあり今日でも数多く演奏される。作曲の傍ら、JASRACの理事長時代に、今日における作曲家の著作権の基礎を築き上げた。又テレビの音楽番組において流暢な名司会ぶりを発揮し、多くの音楽ファンを魅了した。

團伊久磨さんも音楽界に限らず、他の分野でも大きな実績を残された。作曲家としては何といっても日本を代表するオペラ「夕鶴」がある。今日でも盛んに上演される名曲中の名曲であり、確か公演数が初演以来600回を越えたという。この曲の特色はメロディがとても親しみやすく、劇作家木下順二氏の物語の内容が古くからの民話に基づいており、聴衆は涙にくれるという。人気の秘密は全体に出演者、オーケストラの編成や舞台装置も小さいということも影響し、予算面でもオペラにしては比較的安上がりということも無関係ではなかろう。また「パイプのけむり」などエッセイストとしても名を馳せた團さんを語るに、もう一つ忘れてならないのは日本・中国文化交流協会との繋がりがある。この協会は日中国交回復（今年40周年）の以前、今から56年前に設立され、長い間、中国との文化交流に大きな実績を残している。團さんは作家井上靖氏の後任の会長として、中国との文化交流の発展に尽力されたが２００1年5月中国友好の旅の最中、中国蘇州で急逝された。まさに日中友好に命を捧げたといえよう。といっても最近の日中関係を思う時、きっとお墓の中で嘆き悲しんでいるに違いない。

一方黛敏郎さんも東響にとって忘れ難き作曲家だ。当時珍しかった電子音楽のパイオニアでありスペシャリストだった。代表作に涅槃交響曲、舞楽などが上げられよう。「題名のない音楽会」というテレビ番組で司会、企画演出、プロデューサーとして超ワンマンぶりを発揮した。昭和41年に東京12チャンネルからスタートしたが、後にテレビ朝日にバトンタッチされ黛さん亡き後も「新」をつけて指揮者佐渡裕氏の司会で現在も続いている。

某年某日、事件が起きた。この日は「視覚と音楽」というテーマでバッハの作品を収録する予定だった。ところが演奏する側がバッハの雰囲気とは無縁の旧日本陸軍の服装でバッハを演奏した場合、音楽のイメージがどう変わるかというわば実験的な内容を目論んだ。趣旨は理解出来ても、そのために楽員に軍服を着せようとした。役者じゃないよということで拒否し、揉めに揉めた。楽員も猛反発！　怒った超ワンマン氏、腹いせか、間近に迫った番組初の海外収録を、こともあろうに直前になって降板とし、他のオーケストラに代えるという東響にとって屈辱的な扱いを強行した。現在でも心情的にゆるしがたく苦い想い出でもあるが、今となっては懐かしくもある。黛さんに限らずこの時代を想い起こす時、当時出会った今は亡き3人の作曲家との繋がりの歳月の重さを感じる昨今だ。

オーディション

我々音楽関係者にとってレベルの違いはあってもオーディションというものはたえず付きまとう。プロの音楽家を目指すには先ずは音大に入り卒業後、ピアニストなら音大に残るか、音楽教室を開くか、弦、管、声楽ならばオーケストラや合唱団を狙うことになると思うが、そのためにはかなり厳しい選考が待ち受けている。例えばオーケストラに入団しようとすると楽器によっては1人募集に100人前後の応募者というのも珍しいことではない。ましてや一流のソリストを目指そうとするならば内外のコンクールも含めて大変な試練を乗り越えねばならない。先日第8回浜松国際ピアノコンクールを聴いてきたが11月10日スタートで本選が終わったのが11月24日という実に2週間にわたり競った。第1次予選の時点で、各国の腕自慢が70名以上いた応募者も本選に残ったのは6名に過ぎなかった。話は逸れるが残念だったのは中国からチャレンジしたピアニストが当初9名いたが、結局全員ボイコットしてしまった。国同士政治的にトラブルが起きている時こそ、文化芸術交流が大切と思うのだが、「音楽に国境はなし」というお題目は、もはや「死語」なのか。

我が日本演奏連盟（以降演連）も秋から初冬に向けて毎年いろんな種類のオーディションを行なっている。演連の会員数は現在３５００人を超え、全国にいる会員によって支えられている。その意味からも会員に刺激とやりがいを与えるという趣旨からも演連は積極的にいろんな事業を行なっている。その一つに文化庁協力のもと、共催で名称も「新進演奏家育成プロジェクト」と銘うって若手音楽家育成を目的としてリサイタルシリーズ（旧演連コンサート）を開催している。北から札幌2回、東京10回、名古屋2回、京都1回、大阪4回、福岡1回、計20回開催する。他に地元のオーケストラとの協演を目的として札幌、仙台、名古屋、大阪、広島、福岡で1回ずつ協奏曲を行なう。僕も毎年それぞれ出掛けて行って審査員の1人としてオーディションに参加する。

このシリーズの発想は若手音楽家が独自でリサイタルをしたいと思っても、膨大なお金と手間がかかる。会場取りに始まり、ちらし、チケット、宣伝、会場の担当者との交渉等など、それを全部自分でやらなくてはいけない。それを演連が本人に代わって経済的援助も含めてお手伝いしましょうということにある。応募者は大体1年以上前にリサイタルを開くのと同じプログラミングを決めておかねばならず、当日どこを弾けといわれても直ぐに弾けなくてはならない。協奏曲の場合1楽章から終楽章まで暗譜は無論だが説得ある音楽も披露しなければならず、したがって冷やかしで受ける輩は皆無である。これ等の応募者の審査は誰がやるのかというと、楽界を代表する音楽家を演連が指名し、これ等の方々が厳正に審査する。オーディションを聴いていて感じるのは最近全国的にレベルアップが著しく、よって毎回かなり厳しく審査するのだが、それでもレベル的に甲乙つけがたい場合が多くなった。さりとて予算も回数も決っており審査員を悩ますことになる。嬉しいことに合格した中には、直ぐにもソリストとして起用出来るくらいの実力者も少なからず出現していることだ。審査員を正直困惑させるのは打楽器奏者が受けに来た時だ。特にティパニー奏者の場合セットを持ち込みしかも演奏する曲のほとんどが現代曲であり、せめてもう1人応募者がいてくれれば比較することによりある程度聴き分けは出来ると思うが、1人だと比較対象がない分、合否の基準をどうするかで迷う。審査をお願いする音楽家も楽界を代表する一流の方々ばかりだが、かといって全ての楽器の専門家を起用するほど演連は豊かではない。結果例えばピアノの先生が管弦楽器や歌の審査もやらなくてはならず、その逆もある。しかし最終的に審査会で評価が極端に分かれて悶着が起きたことは今までにない。さすがに専門分野が違っても聴く耳は同じということの証であり、これを一流の音楽家というのであろう。

キャンセル

音楽界に限らず長い人生で、互いに何ら悪意がなくともどうにもならないキャンセルに遭遇することがある。先だっての東北の大震災の際、同時に原発事故の影響で約束したはずの海外からの指揮者、ソリストがあたかも日本中が強度の放射能に汚染されたというデマ・風評が流れたらしく、相次いでキャンセルされ大騒ぎになったことは記憶に新しい。

震災も放射能とも関係ないが某月某日、東京近郊の某市で、第九公演が本番の前日になって危うくキャンセルになりそうになって一瞬ヒヤリ!・・・。その街で毎年やっている第九のシリーズが、30周年を迎えるに当たり、特別に大物指揮者を呼べないかという相談を受けた。たまたま私がこの合唱団の実行委員長を仰せつかっていることもあり、早速、誰もが認める大物指揮者（以後A氏）を紹介した。この第九公演は指揮者、ソリスト以外オーケストラ、合唱団、全員がアマチュアで、事務局の皆さんもボランティアとして30年間支えているということで全国的に話題にもなっている。A氏にはこのあたりの事情を説明して出演をお願いしたところおっしゃるには「僕はアマチュアであれ何であれ時間さえ都合がつけば引き受けるが、ただ一つ条件があるとするならば、その団体が音楽に対して真摯に取り組み、良い演奏を目指すという情熱を持った団体ならOKよ」とおっしゃった。よせばよいのに、その点は大丈夫、私が保証しましょう！と啖呵を切ってしまった。何故なら、そんなことはプロの世界では当たり前であり確認するまでもないことだからだ。その後スケジュール調整も上手くいき、何ら問題ないと思われた。

数ヶ月が過ぎ秋になりいよいよ第九の練習の時期を迎えた。当初はA氏が連れてきた副指揮者が指導し12月に入って大物指揮者が数回振るという約束だった。アマチュアのオーケストラだから当然ほとんどの人は別に仕事を持っているか主婦らで構成されている。したがって全ての練習に参加することは、ほぼ不可能だ。そのあたりの事情はそれなりに理解していたはずが、最後の練習である本番の前日にトラブルが発生した。私自身、それまで何ら問題なしという報告を受けていたので、その日は練習会場に寄らないで、演連の仕事で、特別講師として招聘していたイタリアの名歌手ガブリエッラ・トゥッチさんが来日した日であり、たまたま彼女を接待していた。そこへ突然、A氏が所属している音楽事務所の社長から電話がかかった。曰く「金山さん、○○先生怒り心頭で練習しないで帰ってしまったよ。そして明日の本番直前にキャンセルだって・・・」なナ・・何ィ～？目の前、真っ白！何でも練習が始まる直前にコントラバスが4人しかいなかったので、本番も4人なの？と訊いたところ、いえ6人です。その返答が、さも当然というような態度と聞こえたらしい。「僕ね、この仕事の要請を受けるに当たり、金山さんに確認したんだよ。そのオーケストラは真摯に音楽に取り組む団体かね？」と聞いたら金山さんは、そのことでしたら大丈夫、保証します、といったから引き受けたのに、最後の練習でもこのようなテイタラクじゃ一緒に音楽をする意味がないね。明日の本番も僕は降りるから」と宣言して、あっというまに帰ってしまったという。全員呆然！しかもこのシリーズは第1回より今日まで、市から絶大なるご支援を賜って成立しているのだから、もし本当に明日本番がキャンセルなんてことになったら、満員の会場はパニックとなり市民は黙っていないだろう。その責任は私どころか何も知らない就任早々で新進気鋭の市長にまで及び兼ねない。これは何としても阻止しなくてはと接待どころではなくなった。早速直談判を開始し、時には激しく言い合い、平身低頭もした。一時はもはやこれまでと諦めかけるも思い直して、最終的には都内の宿泊ホテルに帰っていた氏を何とか説き伏せて再び練習会場まで戻ってもらい短時間ながら最終練習に何とかこぎつけた。

　翌日、あれ程心配した本番も何事もなかったかの如く無事終了した。A氏は本気だっただけに、言うにいわれぬ緊張の一瞬であり、肝を冷やした一日だった。

　こんなことをいつまでもやっていると長生き出来ないなぁ〜と思う昨今だ。

コンクールあれこれ

一流の音楽家を目指すにはコンクールに挑戦することも方法の一つだ。しかしコンクールにチャレンジするということは、ずば抜けた才能と気が遠くなるような努力、忍耐が必要であり、ましてや予選を通過して2次、3次とライバルに競り勝ち、ついには優勝するなんていうのは僕のような無神論者でも時には、神様、仏様が宿っているのではないかと訝しく思うこともある。

コンクールにもいろいろあるが、スイスのジュネーブに本部がある国際コンクール連盟という組織に加盟しているのは、1980年54だったものが2010年には実に129に増えている。だが世界経済が下り坂になりつつある今日、今後減ることがあっても増えることがないのではと懸念する向きもある。事実2010年まで増え続けてきた国際コンクールも2012年になって122と翳りが見えてきた。やはり栄えある国際コンクールといえども経済とは切り離せないものらしい。とはいえコンクールに入賞しなければ一流の指揮者、ソリストになれないというわけではない。コンクール経歴がほとんどないにもかかわらず世界的に大活躍している一流の音楽家も多勢いる。しかしながら最近の若い世代は何らかの有名コンクールにチャレンジする若者が多い。日本と欧米ではコンクールに対する認識が微妙に違う。欧米では入賞してもそれは全てではなくて単なる登竜門に過ぎないと評価される。例え優勝したとしてもそれはそれであって本物かどうかは、それ以後の活動いかんにかかっているという。かなり以前になるがショパン国際ピアノコンクールで優勝した某国のピアニストは日本では大変話題になり、人気もすごかったが外国では殆ど評価されなかった。しかし日本では引っ張りだこでギャラも噂だが6百万〜1千万円ともいわれ、音大の客員教授に迎えられた時も、高額な報酬と豪邸を提供されるやらで周囲から羨望されたが、どういうわけか名声も長くは続かず、最近殆ど名前も聞かなくなった。

コンクールに限らずあらゆる分野において世界的に女性の社会進出が著しい。お隣韓国の大統領に女性が選ばれ先日就任式も終了し大変話題になっている。国連が推奨しているように先日発表された同連盟の統計では日本は世界的に見てあらゆる分野で女性の進出は政治家も含めて遅れており確か順位も国の順番で100番にも入っていなかった。その点音楽界は女性を語らずして音楽は語れない。

最近開催されたあるコンクールは29ヶ国、180人の応募があったのに結果は1位、2位、3位は誰もいなくて結局入選3人のみとした。それも全員女性だった。それにしてもこのくらい多くの国と多勢の若者が応募したにもかかわらず結局は1人の入賞者も選出しなかった。今時の小学校の運動会じゃあるまいし、入賞もしていない入選者全員に奨励賞を与えこの中の1人に特別賞が授与され、他に聴衆賞まで与えたという。そんなにややこしいことをするなら順位をはっきりつけるべきではなかったか。審査員の顔ぶれは、内外にわたり錚々たるメンバーであり誰もが納得する人選だった。こんなすごい審査員に敬愛することはあってもクレームをつけるつもりは毛頭ないが、だったらなおのことそれなりに納得出来る結果を出してもらいたかった。今回入賞者がいないのなら奨励賞、特別賞ではなくて頑張った3人の入選者には例えば努力賞的な賞を与える方法もあったであろう。協演したオーケストラのメンバーに聞いても前回までの優勝を含めた入賞者と較べて今回格別レベルが低いどころか、中には将来的にも期待される素晴らしい逸材もいたのに何故？と不思議がられた。入選者3人の正直な心情は、自からは決して吐露しないだろうが、本音は折角激戦を勝ち抜いた結果が一人の入賞者も出なかったレベルだったのかと忸怩たる思いを持ったかも知れない。審査会内部の様子は私には知る由もないが、はなはだ僭越ながら今回のように由緒あるコンクールほど、大胆かつ慎重に、その上で自信を持って決断する勇気こそ音楽界をより発展に導きファンも関係者も納得するのではないか。とはいっても周囲が勝手にとやかくいうのは容易いが、あれだけの顔ぶれの審査員でも彼らとて人の子、時には人間の才能に順位をつけることの困難さに同情もするのだが……

子ども定期演奏会

大部分のオーケストラは8月を除いて毎月定期演奏会をやって真の実力を世に問うている。Ｎ響のように大正15年創立以来今日まで実に１７００回を越えるというのは別格にしても６００回前後の定期演奏会をこなしているオーケストラもいくつかある。しかしいかに世に問う演奏会は定期演奏会といったところで、これだけではとてもオーケストラを維持出来るわけがない。オーケストラは規模も運営形態もそれぞれ違い、一概には比較出来ないが、親会社、地方自治体から手厚く保護されている団体はごく一部であり、大部分は文化庁からの助成金、民間企業からの協賛金、寄付金、地方自治体からの部分支援（全面的ではない）等によって支えられている。それでも足りないので年間１５０回～１６０回どころか某オーケストラは以前２つのオーケストラが合併したこともあり、なんと３５０回！前後のコンサートをこなしながら何とかやりくりしているのが実態だ。

オーケストラの啓蒙的未来を鑑み、数あるコンサートの中でもかなり以前より力を入れているのが、子ども達を対象にしたコンサートである。夏休みや春休みを利用してかなり積極的にやっている。これもクラシックの啓蒙という意味ではそれなりの意義があると思うが、しかしながら楽団が一番力を入れているはずの大人用の定期演奏会というのがあるならば、何故、感受性の鋭い時期の子どもを対象とした「子ども定期演奏会」というものはないのかと、私が東響の楽団長時代には常日頃思っていた。そこで12年前の某日、思い切って企画書を携えて某コンサートホールの専務理事を訪ねて企画を売り込んだ。一応興味を示してくれたが、しばらく考えさせてくれというので待っていたが、いつまで待っても返事がなく痺れを切らしてサントリーホールの運営スタッフに売り込んだ。するとすぐやりましょう、という結論ばかりか一層のこと共催でやりませんか、という有り難い申し出を頂き、同時にスポンサーもつきスタートした。評判は上々だったが、現金なもので何処かで評判を耳にしたのか、最初に企画を持ち込んだ専務理事から連絡が入り、ウチがやろうと思っていたのにといわれたが、もう遅いよと断った。丁度当時の文部科学大臣が「ゆとり教育」というのを提唱していた時期と重なり、その一環として土曜日も学校を休みにしようということになり、会場もサントリーホールの全面的協力を得て、全ての準備が整った。指揮、解説には大友直人氏、管弦楽は東響が受け持ち大人の定期演奏会と同じく会員制度を取り入れ、年間4回、文字通り「子ども定期演奏会」と銘打った。大友さんの華麗な指揮のもと、解説も弁舌爽やかで滑り出しから順調であった。会場周辺は開演時間である午前11時が近づくと着飾った父兄、子ども達で賑わい、今までの音楽教室の時とはまったく雰囲気が違った。スタート当時、現在はすっかり大人になられたが、皇室のお子様達も何度かご臨席を賜った。コンサートの内容もそれまで音楽教室というとスッペの「軽騎兵」序曲に始り「運命」の第1楽章の後、楽器紹介というパターンで1時間弱が限度だったが、このシリーズは2時間前後かけても場内はざわつくことはなかった。

新たな試みとしてシーズン毎、子ども達からテーマ音楽を募集して、その中の一曲を専門のアレンジャーにオーケストラ用にアレンジしてもらい、これをオープニングの曲ということでスタートした。最近このコンサートのオーケストラ曲の一曲に子ども達と協演するというコーナーを設けた。当初は弦のみだったが最近は打楽器も含めてほとんどの楽器に参加してくれる。無論人数制限もありプロと一緒にやるからには、それなりの実力がなくては演奏が成り立たないので毎回オーディションを行なっている。結構腕自慢の子ども達が応募し、最終的にはかなりハイ・レベルのメンバーが揃う。聞くところによると、これがきっかけになったのか、その後音高、音大に進み、中には外国に留学したりコンクールに入賞する子どもも出はじめている。面白いのは今までの音楽鑑賞教室だったら同伴者は母親が多かったが、このシリーズは服装もきちんとした父親が目立つ。紆余曲折の末、２００1年にプレ・コンサートとしてとりあえずスタート、２００2年より正式に「子ども定期演奏会」となり以来、今年でスタートして11年、45回目を迎えた。

集まれ子ども達よ！主役は君達だ！

都民芸術フェスティバル

都民芸術フェスティバル（以降都フェス）は昭和43年、当時都知事だった美濃部亮吉氏の提唱でスタートした。様々な分野の舞台芸術を、都民をはじめ多くの方が身近に親しんでいただくことを目的として始まった。以来毎年1月〜3月にかけて開催され、今年45年目を迎えている。

都内に主な活動拠点を置いて活動している各分野のトップクラスの芸術団体に参加してもらい、助成金を交付し支援することで、日頃めったに触れることが出来ない公演を低廉な料金と鑑賞機会が少ない地域で観て、聴くことが可能になった。無論スタート時点では今日のように多くの分野での公演があったわけではないが、その後都民のニーズが年々高まり、今やかなり広範囲に及んでいる。オーケストラ、オペラ、室内楽、バレエ、その他現代演劇、現代舞踊、邦楽、日本舞踊、能楽、寄席芸能、民族芸能と多岐にわたる。

出演団体も在京のオーケストラ8団体（8公演）、オペラ3団体（8公演）、バレエ3団体（8公演）等が中心となり、その他演劇集団も含めて約3ヶ月間開催される。会場は東京芸術劇場、東京文化会館、新国立劇場等を含めて全部で16箇所の会場で開催され連日お客様がそれぞれの好みに応じて各々の会場に馳せ参じる。スタートした昭和43年というと文化庁がやっと産声を上げた年であり、芸術イベントが少なかったこの時期に決断した美濃部都知事の見識の深さに改めて脱帽だ。その後都知事も何代にわたり交替したが幸い今日まで幾多の存亡の危機もあったようだが、それぞれ歴代の知事、担当者の忍耐、努力により年々隆盛を極めていることに感謝申し上げたい。

在京の8つのオーケストラが次から次に3ヶ月にわたって出演するということは、各々の定期演奏会以外では例がなく、好むと好まざるにかかわらず、あたかもオーケストラのコンクールのようで、お客様はメモ帖片手に各自勝手に審査員気取りで採点するのが受けている。もっともオーケストラ同士も日頃は仲が良いように見えるが本音は互いのライバル意識は強烈だ。その結果今日のレベルアップに繋がっているとすればお客様のためにも満更無駄ではない。

指揮者、曲目、ソリストによってお客様の入りが大きく左右され、企画、構成を担当している我が日本演奏連盟（以降演連）も、責任重大だ。低廉なチケットの売れゆきは平均80％を超えているが、何とか満席を目指して東奔西走の毎日だ。

演連はオーケストラ・シリーズ、室内楽を中心に毎年企画会議を開き、いかにして魅力あるコンサートにするかに知恵を絞っている。出演者は無論実績があるベテランの指揮者、ソリストが中心ながら、演連の事業の一環として年間を通して力を入れているのは、若手音楽家の育成、応援することにある。将来日本を代表するアーティストを世に出すことを目的として、何人かの若手ソリストを起用する。今までこのシリーズに出演するまでまったく無名だった人がこれが刺激になったのか今や日本を代表する一人として活躍している音楽家として成長していることを知るにつけ、このシリーズの意義深さに身が引き締まる。

毎年比較的ポピュラーなプログラムが多いが、このような曲こそ演奏する側は油断大敵だ。誰でも知っている曲だけに反って怖いのだ。このところ本番全体を聴いて感じるのは、どのオーケストラも演奏レベルの向上が著しく殆ど甲乙つけ難い。それでも評価するならばミスしたら負けという感じだ。面白いことに名門といわれているオーケストラがいつも完璧な演奏かというと必ずしもそうでもない。時には名門らしからぬ取りこぼしをすることがある。そういう時は事務所の責任者にちらっと「あの楽器の御仁、エキストラー?」と言うと顔色蒼ざめる。

　このところ猪瀬東京都知事（当時）が中心となって２０２０年に2度目の東京オリンピック招致を目指して盛んに運動しているが、オリンピック、パラリンピックの開催国は同時に、芸術文化を発展させることに大きく貢献するといわれる。事実だとすればこの際、我々関係者も何とかオリンピックが東京で開催されるようＩＯＣに対して最大級のアタックをしようではありませんか。

芸術文化の役割
―ミューザ川崎シンフォニーホールの場合

芸術文化に携わっている一人として覚悟しているのは、この先どうあがいても基本的に金儲けとは縁がなく一生貧乏暮らしということは間違いない。さりとて儲からなくとも魅力のある社会を構築するためには重要な役割がある。別の言い方をするならば芸術文化を粗末にする国は発展することもなく、やがて滅びるという信念をもって今日まで微力ながら戦ってきた。経済成長が著しいと評価されていた日本は昨年中国にGDPで追い抜かれ、近い将来インドにも追い越されるだろうと予想されている。専門家がいうには、一度追い抜かれると再び追い戻すということは不可能に近いものらしい。そうだとするならばこれからの日本は何を持って世界に君臨するべきか問い質されている。結局は自慢の先端技術と期待度抜群の芸術分野の他、何があるのだろうか。

神奈川県川崎市は政令指定都市として認定され人口も145万人を越える大都市だ。しかし一言でいうならこの街のイメージは最近まで「公害の街」と位置づけられ、ある意味高度成長期の犠牲ともいえた。河川は汚れ、酷いときは有毒なガスを撒き散らし晴天でも街中が異臭にまみれ霞んでいた。現在の何処かの国のようにマスクなしでは何処にも行けない状況だったという。その後環境も変わり次第に空気も清浄化されたにもかかわらず、容易に川崎のイメージを払拭するまでにはいたらなかった。折りしも２００３年12月、川崎市がコンサート専用ホールを設立した。当初、市民の間でさえ川崎に音楽ホール？と戸惑いがあったようだが、現在の市長であり当時就任早々だった阿部孝夫市長がこれを機会に大々的に「公害の街」から「音楽の街」へとイメージチェンジを計ろうと強い信念を持って行動を開始した。その一環として川崎市と東京交響楽団がホール建設当初よりフランチャイズ契約を結び、これによって少しでも街のイメージチェンジに繋がることが期待された。早速、東響は川崎定期演奏会や名曲全集と称して市民に親しみを持って戴くようなコンサートをいくつか企画した。最初は苦戦続きだったが序々に理解され出し、その上、このホールを利用した内外の一流芸術家達がこぞって音響の素晴しさを絶賛した。次第に好評ぶりが市民ばかりか周辺都市にも及んだ。市長の情熱がようやく実を結び、そろそろ公害から脱皮して音楽の街として認知されそうになってきたかなと感じ始めた矢先、２０１１年３月11日、14時46分東日本大震災が襲った。設立して7年しか経っていなかったはずなのにホールの天井が大崩壊を起こし無惨な姿をさらけ出した。不幸中の幸いに怪我人はいなかったとはいえ、いつ復興するのか皆目見当がつかない状況だった。ホールと東響が結んでいたフランチャイズ契約も名ばかりになる恐れがあったが、その後も川崎市は育ちつつある文化を絶やすことなく市内あちこちのホールを借りて今日までのシリーズが続行された。このような熱意が市民に理解され復興工事が始り、日に日に夢と期待が膨らんだ。それから1年、本年4月1日、新装なったホールで記念式典に続き、同月7日リニューアル記念コンサートがユベール・スダーン指揮東京交響楽団、東響コーラスの演奏で華々しく開催された。生まれ変わった川崎シンフォニーホールは苦節2年、以前と較べても全く遜色のない響きに阿部市長を始め超満員の聴衆は酔いしれた。

街のイメージも変わり最近良く耳にするのは川崎市への人口の流入が激しく、それに伴って土地の値上がりも目立つという。川崎市中原区の武蔵小杉地区には高層タワーマンション群が聳え立ち、ここに住む人を称して「タワマン住民」という新語も生まれた。これら全て音楽ホールが街を変えたとはいわないが、少なくとも川崎が以前と較べて魅力ある街に変貌しつつある一つの切掛けになったことは間違いなかろう。

今や公害の街ではなく「音楽の街・川崎」といっても恐らく異論を唱える人はいないのではあるまいか。

グルメローバの会（美食老婆？の会）

音楽家として大成するには才能は不可欠だが同時に体力勝負みたいなところがあってその分とても身体を大事にする。そのためか食事に気を使う人が多い。お酒が好きな輩は多いといっても必ずしも皆呑むわけではないが、食事には煩い。殆どの音楽家は自分の隠家みたいな常連の食事場所があって、コンサート終了後そのようなお店でストレスを発散しているようだ。また職業柄公演終了後、主催者の呼びかけで懇親会なり打ち上げなどに招待される。特に地方のコンサートの時など知らない土地でお誘いを受けると、とても美味しいお店に案内され、ご馳走になったりすることが最高の楽しみだ。

日本演奏連盟の事務所がある新橋は「サラリーマンの聖地」ともいわれるだけあって世界中の料理があるといわれており、ここの会社なり事務所に勤めているサラリーマンは幸せだ。僕も生半可な健啖家ではなく、日々自ら戒めているが、お昼も近い11時を過ぎるとお腹がグーグー鳴り出す。このところ行く店は大体決っており、青森は下北半島出身のおかみと板長との名コンビによる料理が好評を呼び開店以来それ程年月が経っていないにもかかわらず殆ど宣伝もしないのに評判を聞きつけて満席になることも多い。生まれ故郷には徹底して拘っており、店に流れている音楽は昼夜を問わず、全て津軽三味線だ。おかみは東北出身独特の色白の美人ながら聞くところによると、10代の頃、ねじり鉢巻姿でダンプを乗りまわし荒くれ男に混じって砂利を運搬していたそうだ。今はとてもそんな過去?があった風には見えず、来店するお客に愛想を振りまき、昼も夜も毎日違うメニューによる評判の良い板長が作る料理でお店を盛り立てている。

最近音楽家も長命でしかも単に長生きするだけではなく演奏家としても盛んにリサイタルなどに挑戦している。それも半端な演奏ではなくて中には90歳を越えてもチャレンジする演奏家があちこち目立つ。演連正会員３２０３名、特別会員２９３名（２０１３年３月31日現在）の中に１０６歳を筆頭に90歳以上の会員は全体で22人を数える。彼ら（彼女ら）も含めて全員かどうかは不明ながら概して肉の好きな人が多いようだ。これは恐らく肉を好むから元気というより、それ程内蔵の動きが活発ということかも知れない。

ついこの前まで演連の常任理事で関西委員会の委員長を長らくお願いしていたピアニスト横井和子さんも今年93歳を迎えられたが、90歳を記念してカザルスホールでリサイイタルを開催され、CDも同時制作されたがこれが素晴らしい出来栄えで、どう聴いても90歳とはとても思えない現役ばりばりの演奏だ。そのためにきっと普段から大変な努力をなさっていると思うがそんなことはオクビにも出さない。面白いのは関西を中心に活躍なさっていて比較的?年齢の高い音楽家が今回のタイトルでもある**「グルメローバ」**という会を構成していらっしゃる。毎月一度集まってお昼を食べるのとおしゃべりするのが何よりの楽しみなのだそうだ。この名の由来はチェコスロヴァキアの世界的コロラトゥーラ歌手として名高い**グルベローヴァ**をもじってこの会を名付けたという。一番若い人で83歳、最高年齢は提唱者でもある先ほどの106歳嘉納愛子さんで横井和子さんを入れて8人が集まって大騒ぎするのだから凄い!

もう亡くなられたが以前著名な音楽評論家で門馬直美さんという方がいらっしゃった。門馬さんとたまにいっぱい呑んだ時におっしゃったのは、ベートーヴェンは大変なグルメ派で特に「鱒」が大好物だったという。「鱒」と音楽というと先ずシューベルトのピアノ五重奏曲を想い浮かべるが、それはそれとして考えて見るとこの時代というのは冷凍技術もなく当然電気冷蔵庫も現在のような流通経路もない時代だから、グルメといっても内陸に住んでいると、魚ならばさしずめドナウ河かライン河か、その他の川で獲れる鱒を含む川魚くらいしか知らなかったであろう。それでもあれだけの名曲の数々を残したのだから、世界中の料理が食べられる聖地新橋に、もし今日ベートーヴェンサンが滞在して作曲したならば、如何なる名曲が生まれたであろうか。

山登り

毎年夏になると彼方此方から山に関するニュースが伝わってくる。三浦雄一郎さんの80歳でエベレスト登頂というのは別格にしても、特に今年は富士山が世界文化遺産に登録されてちょっとしたブームになっているようだ。僕は富士山こそ登っていないが、生まれが富山県の立山連峰がある立山村（現立山町）生まれということもあってか、昔から山登りにはすごく興味があった。現在は立山の主峰、雄山(おやま)の頂上に行くには２４５０メートルの室堂平(むろどうたいら)まで乗り物を乗り継いで行けるので、東京からでも朝早く出発して一泊すれば2日目には３０１５メートルの頂上までいって帰って来れる。

しかし僕が子供の頃というのは乗り物といってもせいぜい粟巣野(あわすの)という所まで電車で行って、それから山岳ガイドで有名な芦峅寺(あしくらじ)の来拝殿を出発、称名滝(しょうみょうだき)を左に見ながら八郎坂、弥陀ケ原(みだがはら)を経由して松尾峠、天狗平から室堂、一の越(いちのこし)、雄山頂上という全て歩いてのコースだった。小学校3年の頃、父親に連れられて実家の立山村から出発して頂上まで3泊4日くらいかかった記憶がある。先日も夏休みを利用して娘夫婦と孫を加えた

6人で立山アルペンルートに行って来た。当然乗り物のみで室堂に辿り着いた。「ホテル立山」に到着して15時頃になって今から頂上は無理でも2700メートルの「一の越」まで行って来ようと出発した。途中3ヶ所の雪渓を渡り、お天気にも恵まれ全員2時間弱で往復出来た。

僕は、今日まで冬山と岩登りこそ経験ないが、春から秋にかけて立山、剣、薬師岳、白馬、槍、前穂高、西穂高、北穂高、大キレット、常念岳、30キロのリュックとテントを担いで一週間で八ヶ岳縦走等など雲取山、高尾山に到るまで、その他多くの山を踏破した。ヴァイオリンを始めた同時期からやっていた柔道で鍛えた体力が、役立ったのだろう。

山に関する音楽も多く代表的作品としてR・シュトラウスのアルペン・シンフォニーを始めとして、グローフェの大峡谷とかドボルザークの交響曲第9番「新世界より」の第2楽章は「遠き山に日がくれて」という題がついているのだそうだ。親しみあるところではダークダックスの雪山讃歌等を含めて心を揺さぶられる名曲が多い。興味深いのは日本を代表する作曲家の一人である黛敏郎氏が我が故郷立山を題材に交響詩「立山」を作曲した。この曲を聴いた映画監督の松山善三氏が音楽から醸し出される情景に興味を懐き、一度立山に行って見ようということになり訪れた。感動した監督は音楽に従って立山の四季をドキュメンタル風に制作し一般の劇場で公開した。元を質せば親父が故郷立山をもっとアピールするには大好きなアルペン・シンフォニーみたいな素晴らしい音楽を日本で作り世界中にPR出来ないものかと、交流のあった黛氏に相談をして実現したことに始まる。普段は映画が最初に出来上がりそれに音楽をつけるというのが一般的だが、音楽が先でそれに映像をつけた映画なんて今日まで聞いたことがない。

僕が知っている音楽家は程度の差こそあれ山好きが多い。息も絶え絶え一歩一歩踏みしめてやっと頂上を極めたあの爽快感は経験した者にしか分からない。作曲家が作品を完成させた瞬間や、演奏家が努力して難曲を乗り越えた時などと相通じるものがあるのだろう。

だが著名な音楽家で遭難しているのも目立つ。1964年、天才フルーティストとして騒がれ、名手ランパルに見出された加藤恕彦(ひろひこ)氏がヨーロッパ滞在6年目にアルプスのモンブランに登攀中転落死。「アルプスに消えた夭折な天才音楽家」と惜しまれた。1992年、ウイーン・フィルの第一コンサートマスター、ゲルハルト・ヘッセル氏は休日にザルツブルグ近郊の山に登り、誤って転落し搬送先の病院で逝去。躓いた時、両手で支えれば助かったものを、コンサートマスターとして手を庇ったことが原因と当時囁かれた。最近では２０１０年11月の初冬、同じくウイーン・フィルのコントラバス奏者ゲオルク・シュトラッカ氏がオーケストラの団員として来日中、休みを利用して憧れの富士山に登ろうとチャレンジしたが最後の９合目で氷結した斜面を４００メートル滑落して帰らぬ人となった。

音楽家の山での遭難は何故かロマンティックで、涙を誘う……

東西、癖、習慣、文化の違いさまざま……

日常的に人間誰だって無意識に癖とか習慣みたいなものを持っている。例えばイベントでの開閉会式、結婚式の挨拶で、あの～、この～、でも～、しかし～、え～と、など頻繁に聞かされイライラさせられることがあるが、これ等も無意識ながら緊張感がなせる業といえる。僕も時々変な癖を指摘されることがある。何でも話をしていて議論が白熱してくると、左手親指の第2関節あたりで強く眼鏡の真ん中をヒッパ叩くのだそうだが僕には自覚がまったくない。

文化又は習慣の違いといえばそれまでだが関東と関西では面白い現象に出会う。例えば料理も醤油味と塩味。新幹線に乗り新大阪駅で下車し在来線に乗り換えようとエスカレーターを見ると全員右側に立っている。東京周辺の駅ならば殆どが左側と思うが、別に申し合わせたわけでも駅員がマイクで関西では右側と指示している様子もない。新大阪駅とはいえ全国から集まっているのだから。それなのに皆一斉に右側に立っているから驚きだ。この現象についてはいろんな説があるようだ。例えば関西人は関東人に対して反発心みたいなものを本質的に持っていて東京が左ならオレタチ右だといいはっているためとか……確かに甲子園球場における巨人対阪神戦をたまにテレビで観ていると阪神ファンのあの熱狂振りは半端でなく一理ある。もう少し穏やかな意見としては昭和45年に開催された大阪万博に多勢の外国人が来日した折、大部分は自国の車は右側通行なのだから自然にエスカレーターも右に立ったことが、いつの間にか習慣になったのだと憶測する御仁もいる。

東西とは関係ないがかなり前に亡くなられた山田一雄さん［通称ヤマカズセンセイ］という名指揮者のことが思い出される。この方は音楽的には素晴らしいのだが、以前このシリーズの「忘れ難き指揮者」欄でも触れたが、とに角面白い癖をお持ちだった。癖といえるかどうかはとも角、時々演奏中興奮し過ぎて指揮台から客席に落っこちてその後何事もなかったかの如く指揮をしながら舞台に戻ってきて大喝采を呼んだ。しかし独特の雰囲気で指揮をしたことでも有名で理解するまでかなりの時間を要する。故に初めてヤマカズさんに接した新米楽員諸君はかなり戸惑った。例えばベートーヴェンの交響曲第５番のスコアを見ると最初に八分休符がある。ここの解釈がさまざまで指揮者によって振り方もそれぞれ工夫がある。かなりの音楽通と思われるファンに「運命」の最初はどんなリズム?と質問すると、すかさずジャ、ジャ、ジャ、ジャーンと応えるのが普通だが、音が始まる前に8分休符の「ン」があることを指摘する人はめったにいない。新入楽員にはこの「ン」の振り方の癖を呑み込むまで時間がかかる。ましてやヤマカズセンセイがこの曲を振る時、指揮台で蝶が舞い、蜂の如く刺す華麗な動きで始まるので戸惑う。しかし慣れるにしたがって改めてヤマカズセンセイの凄さが理解出来るようになれば一人前だ。

1950年9月21、22日、日響(現N響)の第318回(現在1765回を越えた)定期演奏会が日比谷公会堂で行なわれた。指揮は山田和男(改名に拘ったヤマカズセンセイの当時名)、プログラムの最後は本邦初演、当時難曲中の難曲と囁かれたストラヴィンスキーの「春の祭典」。しかし熱演のあまりか終演近くの「いけにえ」の部分で方向を見失なった。もっともこのようなことは珍しくもなく、その後東響の演奏会でマーラーの9番のシンフォニーの時も似たようなことがあった。1番難解なところでオケに向かって振りながら、「今どこ?」、コンサートマスター「今、新宿厚生年金ホール」、さすがはヤマカズさん「アッソ!」なんていう事件?もあった。結果どのような事態になったかは探索も虚しかろう。

今時の若手指揮者の多くはいかなる変拍子でも意に介さないくらい優秀だ。さりとて高度なテクニックのみを全面に押し出す指揮者が必ずしも一流とは評価されない。むしろ癖（表現力）があり個性がほとばしる指揮者は最近少ないような気がする。そういう意味で今は亡き先駆的指揮者として近衛秀麿、上田仁、齋藤秀雄、朝比奈隆、山田一雄、渡邉暁雄等の諸氏への想いに馳せる時、「癖」というより彼らが築いた**独自の世界**が懐かしい。クラシック音楽の黎明期時代から今日を語る時大先輩の「癖」の恩を忘れてはならない。

信頼と誇り

このところ、連日人間の根源を疑うかのような出来事の勃発にえらい時代になったものだと嘆いていらっしゃる御仁も多かろう。宅配便の最大手「クール○○」が猛暑の7月、お中元の時期になまものを冷蔵に保管しないで常温で扱い配送していた。ある報道によると一流ホテルで組織している日本ホテル協会加盟の内、主要ホテル4割が食材を偽装していたと発表した。果たして今に始ったことなのか。休日に家族を連れて、たまには豪華にホテルで食事と思ってもこれでは危なくてビビッテしまう。特にどこかの国は農薬を多量に使用しているらしい、というのでなるべく日本産と表記してある食品を選んできたが、実際は何処で収穫したものなのか信用できなくなった。これらの騒動が始った当初はバレルと早々に社長は辞任したが、その後続々と噴出しても誰も辞めなくなった。今頃はオレも少し急ぎすぎたかなぁと後悔しているやも知れぬ。

デパートやホテルは何割か高くても利用するのは暗黙の信頼があったればこそではないのか。今回に限らないが非常に不愉快に感じるのは、不正がバレルと散々言い訳をした挙句、最後に首脳陣が一斉に頭を下げるのも白々しい。芝海老とメニューに書いてあるから注文したら本当は「バナメイ海老」だったなんていうのはまだ許せるにしても、怖い例としてひれ・ステーキと謳いながら実際はくず肉を集めて接着剤で固め、四角く整形してメニューに入れていたなんて、より悪質だ。場末の営業許可証も受けていないようなお店ならいざ知らず、一流といわれているところの行為だけに罪深い。デパートなりホテル業だって商売でやっているのだから儲けるな、とはいわない。だからといって採算のみ追求した結果、客を騙すなんていうのは社長を始め従業員一人ひとりは、自分の仕事に対する「誇り」とか、お客に歓んでもらえた時の「生き甲斐、感動」なんてないのだろうか。家に帰れば子供も家族もいるだろうに、なんて言い訳しているのだろう。一方、街で堅実ながら必死に商売をやっている一杯呑み屋のオヤジサン、オカミサンたちが一流といわれている店がこれで通用するなら真面目に味を追求するなんてばからしくならないだろうか。

日本酒と聞くと嫌いでない僕にとって昔から愛飲していた灘の生一本で名高い某醸造会社にはがっかりさせられた。国税庁が定めた表示基準に違反して醸造アルコールを混入した酒を純米酒と偽ったり、質の悪い米を使って吟醸酒として盛んに売っていたらしい。日頃から酒の味を知り尽くしていると豪語していた僕は、この酒最高だ、旨い！さすが○○酒造と夜毎痛飲していたのに、偽物を看破出来なかったとは情けない。

ＪＲ北海道に到っては命に係わる嘘がまかり通っていた。今年だけでもトンネル内の列車火災、運転手の覚せい剤使用、レール幅の検査値の改竄、ドアが閉まらないまま走行していた特急列車等など枚挙にいとまがない。これ等はいつ重大事故に繋がっても不思議はない。1日35万人以上利用している道民や本州、外国からの観光客の命をどう思っているのか。深刻なのは最早事態に対処する能力はすでになく、社長が外部から各専門家を集めて委員会を設立しようという話はあったが、どうなったのだろうか。早く経営陣を刷新しないと間に合わない。列車は毎日動いているのだ。大事故は待ってくれない。

東京オリンピック、パラリンピックが２０２０年に決定し日本中が歓喜したのはついこの前のことだ。当日都知事の得意満面な表情を見て今回の不祥事を予想した国民がいたであろうか。もし事実ならば世界中から笑いものだ。怪しげな医療法人から寄付だか借金だか知らないが、受け取っていたのに慌てて返してみたところで東京都民は４２０万票以上獲得して選ばれた知事に見事裏切られたことに変りはない。

未だあった！今朝の朝刊の一面トップに美術界の大御所で権威ある「日展」において

主要会派の入選候補者が審査前に現金や商品券を他会派の審査員に送っていたと報道された。日本音楽コンクールでは考えられない。

いずれにしろ他はどうあれ芸術の世界だけは不正はないと信頼していたのに「日展」よ！オマエまで何故……？

伴奏の魅力

日本演奏連盟の重要な事業の一つに「新進演奏家育成プロジェクト」として公開マスタークラスを毎年開催している。これは内外を問わず各分野の超一流の音楽家を招聘して明日を担う若き人材を育成することを目的としている。このシリーズは文化庁育成事業の一環として行われており、平成16年のソプラノ歌手ガブリエッラ・トゥッチさんを皮切りに、今年で9回目を迎えている。すなわち2回目はデイーナ・ヨッフェさん（ピアノ）、翌年はシルヴィア・ゲスティさん（ソプラノ）等などを招聘した。特筆すべきは第5回に今は亡き、声楽家の畑中良輔氏が日本歌曲について公開レッスンしていただき、日本人が日本の歌を歌う時、いかに日本語を大切にしないで歌っているかを鋭く指摘された。

今年は「ドイツ歌曲歌唱法とピアノ伴奏法」と銘打ってドイツのヴォルフラム・リーガー氏を招聘した。氏は国際的に活躍しているメゾ・ソプラノ藤村実穂子さんの名伴奏者として知られている。ヨーロッパでは以前より伴奏という分野は各音楽大学に専門的に教える学部があるが、日本では最近になってようやく見直されつつある。ともすると売れないソリストがやむなく伴奏でもやるかと思ったかどうかはともかくとして、華やかなソリストと違って伴奏者はあくまでも日陰的な見方をされた時期が長かった。事実今回リーガーさんをお招きすることを発表した時も何人もの人達から「わざわざ伴奏者をドイツから呼ぶそうだが何故？」と不思議がられた。それくらい伴奏というものに認識が薄い証だ。

リーガーさんの先生であるヘルムート・ドイチュ氏はその著書の中で「確かに歌い手が悪ければいいコンサートは成り立たないが逆に上手くない伴奏者はコンサートをダメにする」。又駆け出しのピアニストへの忠告として「『自分はソリストになるにはテクニックも根気も足りないが伴奏するには充分だろう。』と信じるならば絶対に伴奏者の道を選ぶと失敗するであろう」と断言している。「伴奏者とは豊かな想像力と表現力、リズム感覚、それと豊富な色彩のパレットとダイナミックなニュアンスが必要である。これ等を踏破して伴奏者になったならば世界で一番素晴らしい仕事と感じるであろう」とまで言い切っている。当連盟の伊藤京子理事長は伴奏をする人を「私は伴奏者とはいわない。音楽を共に作る同志であるのだから協演者と呼ぶ。」とおっしゃっている。

リーガー氏のレッスンは大阪を含めて計5回開催した。その内サントリーホールブルーローズとトッパンホールの2回を聴いた。時間は一人当たり50分の予定で3組だったが、リーガーさん全く時間を無視し、熱心に歌も伴奏者にも妥協なく穏やかながら厳しく指導した。一言ひと言は全ての音楽に通用する用語ばかりで聴衆を唸らせた。結果時間は遥かにオーバーしてしまい一人90分以上に及び、トッパンホールでは18時に開始した公開レッスンが最後の受講者が終わったのは21時30分に近かった。もし会場がいつまでも使えたとしたら恐らく一晩中でも続いていたのではなかろうか。しかもその間の休憩はたったの3分のみ！ドイツ人のスタミナと情熱に脱帽の夜だった。

レッスン内容はフレージングは音楽の命だ。クレッシェンドやデイミヌエンド、fやpは音の強弱ではない。感情の表し方の記号なのだ。一音一音大切にしなさい。無駄な音や休符なんてない。曲の時代的背景や作詞家の心を理解しなさい。などなど分かり切っているはずのことばかりながら耳が痛いことの繰り返しだった。今回通訳を担当してくださった奈良希愛さんに負う面も大きかった。

連盟では同じく文化庁新進演奏家育成事業として毎年行っているリサイタルとオーケストラのシリーズがあるが、場所によってはかなりの応募者が押しかける。ここで気がつくのは伴奏者の大切さだ。中にはソロが優秀なのに伴奏者の不勉強で全体の雰囲気が上手くいかず、不合格になった例も多い。特にコンチェルトの場合は2台のピアノでやるのだが、オーケストラを受け持つ奏者の責任が重大だ。

考えてみるとどちらが伴奏者でソリストかはともかく結婚生活だって長い間、互いに励まし、ケンカし、時には互いの気持がすれ違うことがあったとしても、いずれ許し合い、慰め合いながら共に力を合わせて最終楽章を迎えるのが夫婦の姿といえる。

結局音楽とは人生そのものであり息の長いフレージングなのだ。

輪

２０１３年の世相を表す漢字に「輪」（わ、りん）が選ばれた。ある意味でこれ程現代社会が最も必要としている言葉はないのかもしれない。

３年前の東日本の大震災が勃発した時の世界中からの支援の「輪」によってどれ程地元の人達を勇気づけたことか。昨年は日本に限らず世界的な自然災害のため多くの人々を苦しめた。大島を襲った土砂災害のすさまじさ、外国に目を向けても近くは巨大台風によるフィリピンにおける惨状。そしてそれぞれに対する友好の絆、グローバルな時代とはいえ人間の絆の「輪」の強靭さに改めて気づかされた。人と人の絆の強さに驚かされた年でもあった。国内で自衛隊やボランティア活動による人の「輪」が広まった。人間誰だって一人では生きられない。誰もが助け合って生きているのだ。最初10人だったものがやがては１００人、１０００人となりやがては国全体の「輪」となればいかなる困難も克服されよう。

しかし中東の某国のように最初は単なる政権争いと思っていたら今や誰もが仲裁しよ

うとしても手がつけられない。毎日何十、何百の市民が殺されている。同じ人間同士が何かが狂うとなぜあんな簡単に殺し合うのだろう。人間にとって「命」より大切なものがあるのか。

今年目立ったのは富士山の世界文化遺産登録と以前「お・も・て・な・し」でも触れたが2020年開催が決った東京オリンピック・パラリンピックが挙げられよう。しかしあの決定の時はまだ不正がバレていなかった。都知事があれ程期待されて選ばれたはずなのに就任してほぼ1年で辞任してしまった。やむなく2月9日に再び選挙なんていうのはまったくばかげたことであり、怒り心頭だ。このため選挙費用として50億円ものの都税が失われるという。都知事周辺には善意の「輪」というものはなかったのか。オリンピック開催直前の1年、2年前だったらお手上げだったであろう。

考えて見ると音楽家にとって「輪」とはアンサンブルを指すのではなかろうか。演奏家個人がいくら優秀でも1人善がりの演奏ではコンサートにならない。リサイタルするにしても伴奏者との「輪」（アンサンブル）の精神がなくては成り立たない。ピアノリサイタルは1人だがピアノという楽器との呼吸が大切だ。コンチェルトになるとなお更だ。指揮者、オーケストラ、ソリストと一体となったアンサンブルがないとコンサートはめちゃめちゃになる。オーケストラの演奏会で一番怖いのは本人達は一生懸命やっているのだが、大切なソロの部分でのイージーミスが「輪」を乱すことになり、その日の成否に繋がることが多い。

同じく前回でも触れたが電車に乗っても安心しておれるのは運転手と車掌がコンビの「輪」でもって互いに連絡をとるから安全運転出来るのだろう。しかし電車が走り出すまでの準備も疎かに出来ない。線路の点検、ホームでの安全確認など怠ることなく大きな「輪」を組んで運行する必要があろう。こちらは命が関っているからなお怖い。

今更ながら話題になるのは、暮になると盛んに開催される「第九」だってなぜあれ程人々が好むのだろうか。日本のあちこちで必ずしも日頃クラシックファンとも思えない市民がこぞって合唱に参加して感激する曲は他にはない。ベートーヴェンはそれだけ偉大だったということだ。「ミ〜ファソソファミレドドレミミ〜レレ」に始まるメロディもチェロとコントラバスがユニゾンで奏でる24小節、この2つの楽器の合奏のみで演奏するという発想はどうして生まれたのか。この箇所にくると今でもゾックとする。こんな単純ですごい作曲技法はそれまでどの作曲家も使わなかった。強いていえばシューベルトの未完成交響曲の出だしがこれに当てはまろうか。その後の作曲家ではシベリウスの2番のシンフォニーの第2楽章の出だしのコントラバスのみのピッチカートは幻想的でミステリアスとでも表現出来ようか。第九と違ったイメージを感じさせる優れた作品だ。単純なメロディが何故、あんなに人々の気持を操るのか。ベートーヴェン自身、自分では一度もこの曲を耳にしたことがないのだ。第九が完成した頃は聴覚が殆ど麻痺していた。シラーの詩の元、最後に合唱が世界平和を称え祈っているが、ベートーヴェン自身、耳が聴こえなくとも平和は「和」であり「輪」が全ての平和に繋がると分かっていたのではあるまいか。

現代の異風景（あまり聞きなれない言葉だが・・・）

昔、江戸時代後期にエラーイ人がいたそうだ。その名も二宮金次郎（後の尊徳翁）という。幼い極貧時代、働きながら山で薪を刈ってそれを背負い読書しながら草木や雑木を掻き分け、家計を助け近隣の人達を感心させたという。戦前生まれの各々には覚えがあろうが、小学校の頃、校長先生から尊徳翁という人は子供ながら働き、一家を支え、しかも歩きながら教科書を読み勉強した偉大な人物だったとお説教された記憶があろう。当時校庭に、読書しながら薪を背負った金次郎の銅像が建っていたものだ。その後尊徳翁はついに、立身出世を遂げ世のため人のために尽くし近代日本の基礎を築いたという。

時代が変わって今日も似たような風景に出会う。薪ならぬリュックを背負い、教科書ではなくスマートフォン（いわゆるスマホ）を一心不乱に操る姿はまさに格好だけは現代版尊徳翁にそっくりだ。スマホの普及率は凄まじい。これ一台で殆ど全ての情報を網羅するのだから若者の心を掴んで離さない。しかしその使い方に多少問題がありこんなに便利なものだけに最低限のルールを守らなくてはならない時期にきていることも事実だ。歩きながら尊徳翁のように草木や雑木を掻き分けるのではなく朝夕のラッシュの中を強引に画面を見ながらかなりのスピードだから当然人にぶつかりながら突き進む。最近いつの間にか自動車専用道路に迷い込み跳ねられたり、人とぶつかり怪我人多発中と聞く。

驚くなかれ、何人かで呑み屋で一杯やりにきても互いに仲間を無視してスマホに夢中なのだそうだ。何のために呑みにきたのか。例をあげれば切りがないが、混んでいる電車の中で立ちっ放しでも決してやめようとしない。そのため両手がスマホに塞がれているから当然の如くよろめくことで周りの乗客の足を踏みつける。スマホで勉強、仕事をしている人もいるのだろうが大部分はゲーム、チャットやネットサーフィンなのだそうだ。

音楽の世界に例えてみよう。個人的に音楽家といえども若い人達の大部分はスマホをやっていよう。しかし時代が変化しても音楽家が際立った才能と弛まぬ努力の末、お客様を感動に導くことは今でも変らない。いかなるスマホ名人でも人様を感動させられない。音楽家がひたすら努力する姿は薪こそ背負ってはいないが尊徳翁に似ていなくもない。世の中が複雑になればなる程音楽家の役目はますます大きいのではないか。

そうはいっても僕はスマホの出現は基本的には反対するものではない。現代における最高の情報習得機械であり、こんなに便利な物はないということは理解出来る。しかし毎朝電車内の光景を見ていて何とも感じないのか。7人掛けの座席に5～6人か全員がスマホに没頭している姿は僕には異様に見えるというより恐ろしく感じることがある。中には朝ごはんも食べてこなかったのか、おにぎりにかぶりつきながら我関せず、スマホも止める気配はない。この現象と関係あるのか、このところ電車内で雑誌などを読んでいる御仁は極端に少ない。何でも本や新聞を買わなくても会員になればスマホに大部分載っているからだという。別に新聞社や雑誌社から頼まれた訳ではないがこのまま3年、5年、10年経って人類の情緒的精神構造は正常に保たれているのだろうか。

ところが先日、2月14日のテレビニュースでやっていたが最近アルコールならぬ**インターネット依存症**というのが流行り出したという。彼らはネットと世間の煩悩から逃れようと駆け込み寺で驚くなかれ2時間程**筆で写経**に没頭してその間、煩わしさから開放されようとするらしい。皮肉な現象だ。だが写経が終わって寺の門を一歩出るとやおらポケットからスマホを取り出し、すぐに元の木阿弥になってしまうのだそうだ。毎朝車内での異風景も**依存症**のせいと思えば少しは救われようか。ひょっとして原発同様、人間が作ったものなのに最早制御出来なくなっているのではあるまいか。

と長々と説教じみたようなことをカッコよくいったものの、僕もそろそろ「スマホ」に替えようかな〜？

忍耐・努力と魔物

ロシアのソチで冬季オリンピック・パラリンピックが華やかに開催され、先日無事有終の美を飾った。オリンピックでは結局日本人は金メダル一個だったが他に銀、銅あわせて8個のメダルを獲得した。何とか日本オリンピック委員会の関係者も一応の面目を保ってほっとしていることであろう。この間幾多の感動を僕たちに与えてくれた。中でもフィギュアスケート男子の19歳羽生結弦選手の日本人唯一の金メダルは言葉で言い表せない程見事なことであり、明け方日本中を興奮に導いた。続いて惜しくも銀メダルだったが41歳のスキージャンパー葛西紀明選手に感泣した人も多かったであろう。驚くなかれ、この年までに7回ものオリンピック出場は初めてであり、その上日本ジャンプ史上最年長メダリストと絶賛された。インタビューで「今回は銀だったので次回のオリンピックは金という目標が出来た」と言い切った。きっと誰にも真似の出来ない闘魂の持ち主に違いない。

オリンピックではないが三浦雄一郎という凄い**怪物**がいる。元プロスキーヤーでスキーの技術も昔から優れていたが、70歳、75歳と2度にわたりエベレスト登頂に成功したただけでも度肝をぬかれたのに、昨年80歳で3度目の世界最高峰を制覇してしまった。それ以前オリンピック級のスキーヤーで鳴らした三浦さんも年々暴飲暴食が重なり糖尿病を患い不整脈も併発し、ついには心臓にも異変が生じ手術まで行った。このように満身創痍の身体を克服してついには80歳で3度目のエベレスト登頂なんて**怪物**に相応しい。凄いのは大病を患った後、普通は寝たままになるところを発奮して半端な訓練でなく身体を鍛えまくった。両足に重い錘をくりつけ、20キロから時には30キロの荷物を背負って毎日都内を散歩?したという。まさに忍耐と努力の豪傑だ。

音楽とスポーツの共通点は才能を開花させ大成するには無論そこまでの能力がないとどうにもならないが、それを芽生えさせるには忍耐と努力しかない。時々耳にすることだが、あの人は素晴らしい才能の持主だけど残念ながらもっと努力さえすればなぁというが、僕に言わせると結局は努力することそのものが才能なのだ。普通人には出来ない。

オリンピックで金メダルを獲るということを音楽に例えるならばいろんな見方があろうが、さしずめ著名な国際コンクールに優勝することに匹敵されようか。しかし昔からオリンピックに出場する選手が一様にいうのは当日会場に魔物が潜んでいるという。先日のソチ・オリンピックでも金メダルが確実視されていた選手が結局何のメダルも取れず、インタビューで「別に緊張しなかったけど、オリンピックは何かが違っていた」と泣き崩れた。徹夜で応援していた地元民を中心に日本中が可哀相とばかり同情心を駆り立てられたのか誰もが責めなかった。金メダルを始めとしてオリンピックでメダルということはそれくらい半端な精神力ではダメということか。

コンサートでも魔物かどうか不明ながら似たような現象が起こる。本番直前の控室は、時には錯乱状態で魔物にとりつかれたかの如く控室中をブツブツ呟きながら動物園の熊の如く(失礼!)ぐるぐる歩きまわったりする。過去には今は亡き世界的大ピアニストは本番終了後、座っていた椅子は異常にびっしょりで、とても汗のみの濡れ方ではなく、ひょっとして緊張のあまりオモラシしながら演奏していたのではないかと囁かれた。それくらいプレッシャーが大きいということだ。にもかかわらず大ピアニストとしての評価と威厳に何ら影響するものではなかった。大物とは演奏中何が起きようと聴衆に悟られることなく見た目は平然と感じさせることも必要だ。いってみればいかなる人も大なり小なりアガルということで本番に実力を発揮できない厳しい洗礼を受けて初めて一人前になるのだろう。そのような追い詰められた状況下でも金メダルを取るとか国際コンクールに優勝するなんていうのは日頃から血が滲むような忍耐と努力をしたに違いない。いうのは易しいが結局魔物とはオリンピックや演奏会場にいるのではなく誰もが持っている弱い人間の心に潜んでいるものであって、中途半端では心中の魔物を眠りから覚醒させた時に起きる現象といえようか。

童謡と校歌

詩人まど・みちおさんが亡くなった。104歳という。100歳を超えても創作意欲は衰えずその頃の気持ちを語った『百歳日記』が出版され話題になっている。ご存じの方も多いかと思うが、一般的にまど・みちおさんの作詞で最も馴染みがあるのは團伊玖磨さんが作曲した『ぞうさん』といえようか。この曲が発表されたのは1951年だから僕が「童謡」というものを意識したのは案外この作品だったのかも知れない。いかにも象さんが鼻をゆらり、ゆらりとゆらせながら歩く情景が目に浮かぶ。まど・みちおさんとは面識はなかったが宇宙とか生命、哲学等を語る時、日常体験している優しい言葉で表現する詩が海外でも話題を呼んだ。これらの功績によって1994年、児童文学のノーベル賞といわれる国際アンデルセン賞作家賞を日本人で初めて受賞した。

日本人にとって文部省唱歌とか童謡といったものは好き嫌いはともかく、子供時代の甘い、辛いなど、思い出したくもない青春のホロ苦さも含めて心を掴み、懐かしさが込み上げてくることに存在があるのかもしれない。

たまたま先日埼玉県文化振興課というところから連絡があり、埼玉が生んだ作曲家下総皖一氏を偲んで作られた「下総皖一音楽賞」の審査委員長を仰せつかった。下総さんは埼玉県の今の加須市（当時原道村大字砂原）に明治31年に生まれた。その後作曲しながら教育畑を中心にあちこちで教え、最終的には昭和31年に東京芸術大学音楽部長に迎えられ多くの優秀な作曲家を育てた。その中には現在作曲界の中心として活躍している人も数多い。昭和7年に文部省の在外派遣研修生としてドイツに留学し大作曲家パウル・ヒンデミットに師事した。とにかく童謡に限らず作品の多さには驚くものがあり2000曲を超えるという。特筆すべきは作品の中で埼玉のみではなく北は北海道から南は九州まで全国的に校歌の依頼を受け約80校に及ぶ。童謡の代表作として『たなばたさま』『電車ごっこ』『野菊』などがあげられよう。

先日ある新聞の日曜版を見ていたら『春よ来い、早く来い』という童謡の作詞家のことが載っていた。この童謡は誰でも一度は耳にする名曲ながら（作曲　弘田龍太郎）作詞者にはあまり関心がなかった。読んでいるうちに作詩は「相馬御風」（本名　相馬昌治）といい、新潟県糸魚川市の出身で雪に閉ざされた新潟の人たちの春をまちわびる心情を描いた詩だという。そこまでならば驚かなかったのだが、読んでいると相馬御風を有名にしたのは、ある意味では春よ来い……はさることながら早稲田大学の校歌である『都の西北』の作詞者と知った。思い出すのは昭和25年頃〜30年代前半、六大学野球ブームに沸いており特に早慶戦は燃えていた。親父、兄2人とも早稲田出身ということもあってか、兄が帰省する毎に都の西北と神宮球場の熱戦の模様を何十回も聞かされた。いい加減**うんざり**していたが、小学生で末っ子のワルガキだった僕がそんなことをいったならば「生意気なガキメ！」とパンチの一つや二つ飛んできそうでひたすら耐えた。神宮で応援合戦が始まると相手側の慶應大学は早稲田の**校歌**『都の西北』に対して**応援歌**『陸の王者』で対抗した。早稲田にも応援歌があるのになぜ校歌なのだ。逆に慶應は神宮で校歌を歌わない理由は何かあるのか。というものの部外者が心配することもないのだが……

そもそものきっかけは早稲田大学が明治40年、創立25年を迎えるにあたり坪内逍遥、島村抱月といった大御所がこの際記念に校歌を作ろうということになった。すでに作曲者が決まっていた（東儀鉄笛）こともあり作詞を誰にしようかとりあえず校内で募集したが適当な作詞に出会わず、迷った末早稲田を卒業したてながら当時『早稲田文学』で編集に携わり鋭い文学批評で知られていた「相馬御風」を指名したという。御風は要請を受けてわずか10日間で仕上げた。出来上がった作詞の各節の最後にワセダ、ワセダの連呼を7回も入れて完成をみた。ちなみに時代も変わり息子も早稲田出身ながら、まったく校歌、早慶戦とも興味を示さない。さりとて親父、兄貴達2人とも鬼籍に入ってしまった今日、原作者を知り制作意図に触れてみると、当時無理やり聞かされあれほど**うんざり**していたのに、今頃になって妙に懐かしさが込み上げてくる。

『都の西北』って不思議な校歌だ。

惜別・親友と隣国との絆

先日郷里富山の小学校時代同級だった親友が亡くなった。心筋梗塞での急死という。今日まで65年を超える付き合いだった。若い頃は村の草相撲の横綱をはるくらい偉丈夫を誇っていて、昨年暮れに会った時もすごく元気だっただけに信じられない。聞けば今から20年以上前に心臓発作を起こし、直ちにバイパス手術を行い何とか乗り切ったが2年後に再発し今回3度目で帰らぬ人となった。どう見てもそのような大病を患っていたとは思えず、年1度の小学校の同級会の幹事も引受けて皆から慕われていた。15年しか故郷にいなかった僕にたまに会うと近況を聞き、力強く勇気づけてくれた。話をしていつのまにか心が穏やかになるという不思議な男であった。

思えば我々の世代は戦後教育の一期生であり昭和21年の小学校1年生に始まり、その後の混乱から今日の経済大国に大転換を遂げた時代の生き証人みたいなものだ。彼と最も親しくなったのは小学校5年の頃、僕の親父が趣味でヴァイオリンをやっていて最初の弟子が僕で2番目が今回の親友だった。その後僕は専門の道に進んだが、親友は高校を卒業後、地元の信用金庫に就職し、最後は支店長に抜擢された。お互い生きる道が違っても蔭ながら僕の熱心な応援者の一人だった。東響が30年にわたり毎年暮れになると郷里富山で恒例のベートーヴェンの第九公演を行っているが、いつも奥様と一緒に駆け付けてくれた。

話は飛躍し過ぎかも知れないが、日本と韓国、中国は隣国同士であり本来は「親友同士」であっても不思議ではない。言葉は全く違うが元を正せば中国から渡来した漢字が基本であり顔も似かよっている。文化にしても書道、陶器、雅楽の多くは中国直接か朝鮮半島経由のものが多い。能、尺八にしても日本の奈良時代に伝わったと聞く。同時代日本最古の演劇といわれる「能」は中国の大衆芸能だった「散楽」が原型で、その後室町時代に現在の「能」に発展したもので、同じくお茶の製法も、ある僧が中国から持ちかえったのが始まりという。

いろんな分野でこれくらい昔から結びつきが深いにも拘わらず有史以来、仲良しだったことがあったのだろうか。先の大戦において日本が両国に対して弁解の余地がないほど酷いことをやったことに原点があるようだが、さりとていつまでも何十年前の昔に拘る限り親友どころか仲良くすることさえ絶望的だ。

去る4月9日横浜の「港が見える丘公園」の近くにある韓国総領事館において総領事からお招きを賜り、御令室様自らの韓国手料理を堪能させて頂いた。これは前・川崎市長だった阿部孝夫氏が市長時代に総領事と親しくなり市長退任後久しぶりの表敬の挨拶にご一緒しませんかと僕ら夫婦に声をかけてくださり実現した。食事会では日本語が堪能な総領事は現在の日韓の状況にはまったく触れず始終親友の如く振る舞ってくださった。

先日テレビで評判になっている「ハーバード白熱教室」で話題のマイケル・サンデル教授による「日、中、韓の未来の話をしよう」というテーマで三ケ国からそれぞれ8人の若者が熱っぽく激論を戦わす番組があったが本音が聞けて面白かった。意外だったのは議論の中で現在このような状況になった原因は日本が一方的に悪いのだと決めつけられると覚悟していたが、自分達の国にも責任の一端があるのではないかといった意見があって救われた。マイケル・サンデル教授は最後に「今日出席の皆はいずれ、やがてはそれぞれの国のリーダー的立場になって活躍する人が多いのではないか。十数年後、君たちなら例え三カ国でややこしい問題が起きようとも今日のような前向きな議論が行われるならば、**親友としての絆**が築かれ解決の道も広がっているであろう。」と結んだ。

本音は三カ国とも仲良くしたくてウズウズしているのにたまたま振り上げた拳の収めどころが見つからなくて意地を張っているに過ぎないのではないか。今の内閣になって一度も首脳会議が行われないどころか、その気配もない。世界はどう見ているのか、恥ずかしい。

親友の悲報に接した翌日の早朝、取るものも取り敢えず新幹線に飛び乗った。この日は快晴で乗り替えた北陸線が富山県にさしかかると左側に雄大な立山連峰が冴えわたっていた。飽きずに眺めていると小学、中学校時代あの山麓で親友と過ごした日々を想い出し何故か寂しさと悲しみが込み上げてきて、久しぶりの立山連峰も霞んでしまった……。

オペラ界80年の歴史、隆盛と将来

去る6月7日藤原歌劇団創立80周年のコンサートが日比谷公会堂で行われ、終了後帝国ホテルにおいて歌付パーティが華やかに開催された。

80年前の1934年同じく6月7日、日比谷公会堂で「ラ・ボエーム」を同歌劇団の前身である東京オペラ・カンパニーが日本の歌劇団では初めて原語で上演し、これが事実上藤原歌劇団の旗上げ公演だった。今日のオペラ界の隆盛を見るとき、黎明期から戦後にかけて最高の功労者というと忘れてはならないのは藤原義江というテノール歌手といえよう。確かにこの時代前後にソプラノ歌手の三浦環や声楽ではないが山田耕筰、近衛秀麿と偉大な音楽家がいたが、真のスターとして世界に誇り、認められた輝きの持ち主は藤原義江以外いなかった。

下関生まれの藤原義江の出生はかなり複雑で父親はスコットランド人、母親は琵琶芸者だったという。坂田義夫が本名ながら7歳の折、大分県臼杵市在住の藤原家の養子になり以降藤原姓を名乗った。19歳の時、当時一声を風靡していた大スター澤田正二郎が結成した新国劇に入ったが大部屋役者の一人にすぎなかった。その後オペラを志しついには田谷力三と共に浅草オペラのスターとして人気を二分した。新国劇時代は日本人離れした容姿がチャンバラ劇には不似合いで役柄も限られたが、オペラでは逆に西洋風の雰囲気が喝采された。ここまでは持って生まれた才能のみで何とか熟してきたが、正規の声楽教育を受けていなかった藤原が限界を感じていた矢先に、縁あってイタリア・ミラノで本格的なオペラの修行を積むチャンスに恵まれた。結果周囲から徐々に認められ1921年パリ、ベルリンを経由してロンドンに渡った。運よく後の総理大臣で当時一等書記官として赴任していた吉田茂がいた。吉田は出生を含めて波乱万丈な人生を送っている藤原に興味を持ち、その上、並みでない音楽的才能にいたく感動し、日英両国親善の象徴に仕立てようとしたことが彼の運命を大きく変えた。藤原をイギリス社交界に積極的に紹介し、ついにはロイヤル・アルバートホールで5000人の観客を前に日本歌曲のリサイタルを開き大成功を収めた。程なくニューヨークに渡り当時天下の2枚目大スター、ルドルフ・ヴァレンティノに肖ってニューヨーク・タイムズに写真入りで和製ヴァレンティノと書き立てられ、社交界でも人気者になり持て囃された。だが、コンサートは成功するものの何処にいてもトラブル続きで各地を転々とした。理由の殆どは持前の浪費癖と桁外れの艶福家にあったという。その分アンチも多かったが彼のオペラ歌手としての評価は年々盛り上がった。1925年アメリカ・ニューヨークのビクターレコードと専属契約を結ぶに至り、赤盤アーティストとしてSPレコードが発売された。当時赤盤でデビューということはクラシックの世界的演奏家と認められた証であり、声楽ではカルーソ、ジーリ、シャリアピン等超一流が存在していた。だが藤原は海外でオペラ公演に出演している内にヨーロッパの歌手陣と声量の点でどうしても及ばないと感じたのか、活躍の場を日本に移した。帰国後傑作なのは藤原歌劇団が地方公演の際、「藤原義江**嬢一座来る!**」という垂れ幕で宣伝された。名前が女性と思われたことと、オペラに対しての認識が薄かったことに尽きよう。最後のオペラ出演は1963年12月藤原歌劇団30周年の記念公演においてヨハン・シュトラウスの喜歌劇「こうもり」のオルロフスキー役だった。晩年は帝国ホテル犬丸社長から1室を提供されスターとして誇りを失うことなく過ごした。

日本のオペラ界は長い間藤原義江という大スターがリードしてきたが戦後を境に大きく変わろうとしていた。それまで藤原の時代を「一期」と捉え、その後時代が変革したこともあり斬新な動きが興った。1952年、三宅春恵、川崎静子、柴田睦陸、中山悌一、が中心となり「二期会」が設立された。当初は研究発表の場だったがオペラとしても自立した活動を目指し彼らが最初に選んだのは藤原歌劇団の旗揚げの演目「ラ・ボエーム」だった。それ以来互いに切磋琢磨しながら日本のオペラ界発展のために貢献をし、多くのソリストを育て今日の隆盛に導いた。その後先人達の辛抱強い努力で新国立劇場が誕生した。もし藤原義江が存命だったら嬉し涙にくれたことであろう。

日本は真の文化立国を目指すならば、オペラに限らず芸術文化を盛り立てようという気概と信念をそろそろ本気で持つべきではなかろうか。念願の文化省設立どころかこのままではいつまで経っても一流の文化国家として崇められることもなかろうし、長い間の藤原義江の苦労も報いられない。

レベル

我々の音楽の世界ではレベルという言葉がつきものだ。だがレベルが違うといっても一概にそれが全てとも言い切れない。確かにレベルが高い演奏というと上手い人を指すのだが、人に感動を与える演奏かというと必ずしもそれだけでもない。

音楽に限らずサッカーだって同じだ。例え負け試合でも「芸術的シュート」なんて激賞されることがある。先日行われたワールドカップだって勝利者のみ感動を呼んだわけでもなかった。クロアチアのように決勝リーグで初めて一勝したことが同じ国内で戦争までして仲たがいしていた民族が、これを切っ掛けとして団結する方向を目指すそうだ。ドイツとアルゼンチンの決勝の日、とっくに敗退した日本には関係ないと思っていたが当日の朝4時半頃テレビをつけたらやっていた。つい見惚れてしまいご存じのように結局ドイツが優勝した。

大会が始まる前は日本も元気いっぱいで決勝リーグどころかベスト8、準決勝も夢ではなくひょっとして決勝は何処の国が相手だなんて解説者も当然みたいにいうものだから、こちらもすっかりその気になってしまった。日本のレベルはそのくらい凄いのだとあたかも催眠術にかけられたかの如く信じてしまった僕が悪かった。戦いが終わってみると結局一勝も出来ず予選リーグ敗退ではないか。決勝を始めとして準々決勝あたりを観ていると素人目ながら日本のレベルでは到底無理と痛感した。スピードと基本テクニック、勝パターンが違い過ぎた。今回の大会は番狂わせの連続で前回優勝のスペインが早々と姿を消し、同じく前回躍進のアフリカ勢も今回はそれ程元気がなかった。準決勝で優勝候補同士のドイツ対ブラジル戦なんて7対1という大差でブラジルが負けるなんて誰が予想しただろうか。確かにブラジルは司令塔がレッドカードで出場停止の上に、頼りのエースが前の試合で怪我をして試合に出られなかったことも大きかったのは分かるが、エースがだめならそれに代わる凄いのが必ず現れたのに今回はどうしたのであろうか。大会前はブラジル国内で国の経済が大変な時にいかにサッカー王国ブラジルとはいえ、「ワールドカップより明日のオマンマが欲しい！」という民衆のせつなる暴動があちこちで起きていた中での開催国だっただけに、そのプレッシャーで選手が委縮した結果だとすると気の毒だ。２０１６年リオで開催予定のオリンピックは大丈夫なのか。それにしても世界中を虜にしてしまうワールドカップって何なのか。決勝戦は両国の首相と大統領が駆けつけて子供のようにはしゃいでいるなんて日本の首相では考えられない。

音楽の世界に戻ろう。僕が信頼出来るある評論家に「最近日本のオーケストラのレベルは欧米の一流どころと比べてもひけをとらなくなったという人もいるけど、どう思う？」と問いかけたところ彼は「向こうのオーケストラも昔のままではなくて毎年進歩しているからね」とさりげなく言われ、当たり前のことなのにハッと目が覚めた。このところゲバントハウス、コンセルト・ヘボー、ミュンヘン・フィルなどを聴いたが、内心舌をまいていたので残念ながら彼の本音が理解出来た。

今年3月いっぱいで東響の音楽監督を退任し10年にわたり多大な貢献をしてくださったユベール・スダーン氏に似たような質問をしたことがある。スダーン氏曰く、例えば今の東響がヨーロッパに活動拠点を移したとする。そこでの地元の評価は『確かに東響はブラームス、マーラー、ブルックナーあたりの演奏は上手いけどバッハ、ハイドン、モーツァルトはどうかな？』といわれるであろう。」つまり音楽の基礎はまだまだということか。彼が言わんとしているのは上辺だけの音楽のレベルは確かに上がったが、基本であるバロックから古典に限らず、ロマン派になるとそんな容易にヨーロッパのレベルに到達出来るものではないということらしい。東響のメンバーが長い間ヨーロッパに住み着き彼らの2世、3世の時代になればひょっとして真のヨーロッパの音に近づけるかも知れないという言い方もされた。つまりどんなに日本で頑張り、時には留学しても所詮それはテクニックをさらっただけであって真のヨーロッパ文明に触れたことにはならない。結局一人一人の中には欧米のレベルまで到達したのがいたとしても組織の積み重ねが大切なサッカーやオーケストラは長い時間をかけて培わされた真のレベルの差はそう簡単に縮まないということなのだろう。

外国人アーチスト

我々音楽関係者にとって邦人アーチストとの繋がりも大切にしなくてはいけないが、最近在京オーケストラの殆どがどういう訳かトップにしている指揮者に外国人が多い。原因はいろいろあろうが新国立劇場オープン後の公演の大部分は外国の指揮者が大多数であり、接する機会が多くなったことと関係があるのかも知れない。新国立劇場が設立前は日本でオペラの勉強をしようにも環境に恵まれているとはいえず、どうしても国内ではシンフォニー中心の勉強が殆どでオペラを指揮する機会が少なかった。海外では何百年の歴史の中で無論シンフォニーも盛んだが、指揮者を目指すならば先ずオペラ劇場での雑用で始まり下棒から日本でいう丁稚奉公のような経験をいやという程やらされる。超一流で世界的大指揮者として崇められている指揮者の殆どはそのような経験を積んで現在がある。だが最近日本人の中にも大野和士君を始めとして何人かは欧米での修行が実り、今や本場での歌劇場やオーケストラの幾つかに芸術監督として迎えられ将来を嘱望されている指揮者が現れたことは喜ばしい。

以前この連載で触れたこともあるが、日本のオーケストラ界に在籍している外国人に目を向けてみよう。僕が東京交響楽団にヴァイオリン奏者として入団した昭和38年頃は外来指揮者やソリストとはよく協演したが外国人団員なんて数えるほどしかいなかった。チェコ人で身体の大きなコンサートマスターで確かストラダラさんとトランペットに1人おり、その他日本フィルハーモニーにはルイ・グレイラーさんが在籍していた。N響にも確か豪州から来たコンマスがいたように記憶している。といっても特別契約という特殊な契約に過ぎない。原因は次の年、東京オリンピックの開催が予定されているとはいえ、為替レートも変動相場ではなくて1ドル360円という固定相場であって、まだまだアメリカの大きな保護の元に我が国は支えられていた時期でもあった。当時アメリカのオケの楽員の給料は週給制でそれでも日本の月給と比べてもアメリカの方が遥かに高かった。そんな状況下にあって外国人が日本のオケに来るなんて有り得なかった。

今や時代も変わり、先日もフルート奏者1人募集に外国人も含めて応募者が133人受けにきた。隔世の感がある。上手ければ年齢以外何ら規制がないので定員内なら誰でも採用する。結果東響は帰化したのも入れるとアメリカ、イギリス、フランス、中国と優秀な多国籍軍で成り立っている。

以前チェロの首席奏者にベアンテ・ボーマン君というスウェーデン人がいた。彼は30余年前、東響がチェロのテュッテイ奏者を募集した折、たまたま応募してきた。本業はキリスト教伝道師ながら余りに素晴らしく急遽首席に抜擢した。それ以来当楽団の要として3年前定年退職するまで大きな存在だった。彼が長期にわたって首席奏者として在籍出来たのも実力は無論のこと、いい意味で順応性に優れていたことにある。食べ物にしてもかなりの食通でもこればかりはカンベン！というナマコの刺身も平気で試食した。そのほか寿司、おでん、鰻、蕎麦は勿論のこと沢庵、納豆、クサヤに至るまで何でもござれご馳走様！しかし彼は伝道師が本業ながら、どういう訳か一人として楽団員は入信させられなかった。

東京交響楽団はこの度10年間音楽監督として多大な貢献と実績を残してくれたユベール・スダーン氏に代わって4月よりイギリス人ジョナサン・ノット氏を音楽監督に招聘した。ノット氏は2000年よりドイツ・バンベルク交響楽団・首席指揮者という要職にある。今日までベルリン・フィル、ウイーン・フィルを始めとして世界に名立たる名門オーケストラ殆ど全てを客演している世界的大物である。先日音楽監督就任の祝いを兼ねた定期演奏会が期待をもって開かれた。最後を飾った曲はマーラーの交響曲第九番、サントリーホールは厳かで清廉な響きにつつまれ、満員の聴衆を魅了し楽員も感動した。新聞も特別記事を掲載してくれた。しかし指揮者とオーケストラの関係は微妙な間柄であり最初の出会いが良くてもそのままスムーズにいくとは限らない。互いに馴れっこになって努力を怠ると破綻もありうる。

どこか夫婦関係に似ていなくもない……

ゴーストライター

まったく文才のない僕がひょんな切っ掛けで上梓することになったのは、かれこれ7年くらい前になろうか。本の題名は『楽団長は短気ですけど、何か?』。この題名ではどのような傾向の本だか見当がつかない。話の始まりは今から20年くらい前、所沢にミューズというパイプオルガン付2000人収容の大ホールが設立され、僕が地元在住ということもあってか、所沢市長よりパイプオルガンの松居直美さんとこのホールのアドバイザーを要請された。同時に当時年6回発行(現在4回)の機関誌インフォマートにエッセイを書いてみないかとミューズの方から言われ。2、3回のつもりで引き受けた。書き出したら面白くなり、まぁどうせ地元の人にしか目に触れないだろうし僕の周りの音楽仲間には知られることもなかろうと気軽な気持ちだった。年6回ながら毎回2600字ほどを13年くらい続けると、それなりの字数になったかと思うが僕自身まったく無頓着だった。或るとき電話があり「私は**関根**といいますが、全国のホールの機関誌の記事で面白そうなのがあるとそれを出版社に紹介するのを仕事としている者です。

カナヤマさんのエッセイに興味を持ちこれを心当たりのある出版社に売り込んでみようと思うが、よろしいか」という趣旨だった。何でもこのエッセイが始まってから10数年にわたり追っかけしてくれたらしい。結局某出版社が興味を持ったらしく、その後話が意外にもどんどん進み引返せなくなった。同時に本の題名もこの本の内容が長年お世話になっている音楽界の体験が中心だったため『楽団長が……』ということで落ち着いた。ついには周りが面白がり出版記念パーティまで開催されることになってしまった。それ以降本屋の店頭で僕の名前の本があると何とも不思議な気持ちになり夢かとばかり真面目に頬を抓った。この本がどれくらい売れているか詳しいことは不明ながら出版記念のパーティでのお礼の挨拶で苦し紛れに明言したのは、もしミリオン・セラーになったらその印税でカミサンにダイヤの指輪を買ってやると豪語したのだが実現するのはいつの日か。この出版が縁になったのか少しずつ原稿の依頼がくるようになった。中でも毎月の演連の機関誌に澤事務局長から「専務理事の独りごと」というコーナーを設けるから毎月出稿してみてはどうかという提案を受け、つい引き受けてしまった。せいぜい1年続くかな?と思っていたが今回で45回も恥ずかしながら継続している。会員の皆様にもう少し我慢をしてお付き合いいただけたら幸いだ。

思いもよらない反応があった。「カナヤマさん、先月のあのテーマとても面白かったヨ。いつも思うのだけど毎回あれだけのことを原稿にする人も大変ダネ、ゴーストライターを雇っているとは思わないけどネ。」最初言っている意味が分からず、え?と聞き返すと「あれって本当は誰が文章にしているの?」と追い打ちをかけられ初めて言っていることが理解出来た。つまり某大手の新聞社がいろんな分野で功なり名を遂げた一流人を1ヶ月にわたり生まれた時から現在までの人生を載せているが、これはまさに本人が話していることをゴーストライターならぬ本社の担当記者が名文にしているらしい。これとはまったくレベルもスケールも違う話ながら僕の場合はときおり会員の方よりお叱りを受けながらも100%自書である。僕に素朴な質問をしたのは結構仲の良い呑み友達だが、稚拙ながらもの書きの真似事をしているなんて想像出来なかったらしい。本音は何ら悪げはなく、ただ単純に僕と付き合っていて日頃の言動と品性のない人柄からイメージしたのだからしょうがないことであり、つまるところ身から出た錆びということなのだ。

何はともあれこのようなチャンスを与えてくれた関根さんの連絡が途絶えていると思っていた矢先、昨年10月29日に癌で亡くなっていることを知った。髭を蓄えた大きな図体の持ち主だったが僕の講演とか東響のコンサートに度々聴きに来てくれ、その都度適格なアドバイスをしてくれた優しい人柄だっただけに、その分ショックが大きかった。

関根さんの御霊に応えるためにも、もう少しマシな文章を書かねばと思う昨今だ。

楽器別オーケストラにおける奏者の特性と性格診断

僕がどうにか音楽でメシを食べるようになって半世紀という歳月が過ぎた。51年間東響に在籍中13年ヴァイオリン奏者、30年楽団長、最高顧問が8年という期間中それぞれお世話になったが何といっても楽団長時代の思い出は強烈だ。楽員、事務局員を入れると100人を越える大所帯となり、安定したスポンサーがついておれば別だがまったくの自主オケがいかにして毎月遅滞なく給料を払うかが大問題だった。しかし僕も元を正せば楽員であり、立場が違っても「成せば成る」的性格はそう変るものではない。

一言で楽員は楽天的といっても表現の仕方が楽器によってかなり違う。例えばオーケストラにおける弦楽器の雄といえば主にメロディを担当するヴァイオリン族だ。一流であろうと三流であろうと今やプロを目指すには2歳、3歳から始めることは決して珍しいことではない。しかもある程度家庭が裕福でないと何とか音楽学校に入る技術があっても高額な入学金、レッスン代は元より、上手くなりたいという意欲があればあるほど良い楽器が欲しくなり金がいくらあっても足りない。僕くらいレベルでも高校2年の昭和32年頃、それまで使用していた楽器は何とかならないかね、と先生に指摘され、田舎のオヤジに泣きついた。結果、農地改革で大部分取り上げられ残り少なくなった我が家の農地の内2町歩（約6000坪）を売ってくれて手にいれたが、現役引退した今の僕にとって喰っていけなくなったときの守り神だ。

オーケストラでのヴァイオリン奏者を一言で言い表すならば、目立ちたがりが多く一般的には「リッチで華麗なる一族」とでも表現出来ようか。形が一見似ているが音色はまったく違い、ヴァイオリンより5度低く響きがたまらないヴィオラだ。音色は「春の日だまり」とでも表現出来ようか。音を聴いても何となくのんびりしており、心が温まる。ヴァイオリンがソプラノとするならばヴィオラは落ち着いたアルト歌手のイメージがピッタリだ。チェロは僕にいわせると弦楽器では一番難易度が高いのではないか。事実「巨匠」といわれる奏者は少ないが風格が漂う。かなり前になるがピアテゴルスキーのリサイタルでアンコールに一言「スワーン」と言って弾き出した姿は悠然たる「母なる大地」を思わせる演奏だった。オーケストラの楽員としては協調性に乏しい面もあるがマイペースで鷹揚な性格の持ち主が多い。オーケストラで一番巨大なコントラバスは最近女性奏者が増えたが、以前と比べて最近これほどレベルが上がったセクションも珍しい。サン＝サーンス動物の謝肉祭から「小象の行進」は聴いていてもとても描写的だ。ベートーヴェンの第九シンフォニーにおける第四楽章でチェロとコントラバスのみであの単純な24小節に過ぎないメロディが作曲されて２００年以上にわたって人々を感動させていることに改めてベートーヴェンの偉大さに驚嘆する。

一方管楽器群になると弦楽器群とはまったく性格が違う。フルートはビゼーの「アルルの女」、同じくカルメンの「間奏曲」なんかは人間のほのぼのとした心の温もりを感じる。オーボエはオーケストラのリーダー的存在ともいえる。オーボエとホルンを聴くとそのオケのレベルが分かるといわれるくらい名人が少ない。クラリネットは、センチメンタルで情感溢れるメロディが多い。歌劇「トスカ」の「星は光りぬ」の出だしのソロは憂いに満ちこのオペラの情景を全て表している。ファゴットになると一見地味ながら歴史も古く、とても音色がユニークで人間的にもひょうきんな奏者が多い。テレビドラマでもウイットにとんだ場面やドキドキした心情を表す時、この楽器はもってこいだ。金管楽器になると豪快でオーケストラの華だ。頼りがいがある半面、神経質で見かけによらず優しい楽員が多い。誰もが知っていて一部の人達からサッカーのテーマ音楽と思われている歌劇「アイーダ」より凱旋の行進曲は気分が高揚し勇壮な気分になるから不思議だ。ティンパニーを中心とした打楽器奏者は全ての楽器に対する知識が豊富で第2の指揮者ともいわれるくらい威厳に満ちている。

コンサートにおいてこれ等個性的で才能ある奏者を束ねて聴衆に感動を与えるのが指揮者だ。一見格好良く見えるが、これほど恐ろしい職業もなく、少なくとも僕はいろんな意味で指揮者だけは目指さなくて良かったと思う昨今だ。

50年の禊（みそぎ）

日本演奏連盟（以降演連）は1965（昭和40）年に設立され来年創立50周年を迎える。思えば50年という歳月は大変な年月であって昔は人生50年といわれたものだ。したがってその頃完成した音楽ホールはバリアフリーなんてまったく念頭になく不便この上ない。まさか平均寿命が男女共80歳を超える時代がやってくるなんて設計者も思いもつかなかったに違いない。寿命50歳といっていた時代はホールによってエレベーターはつけてもエスカレーターなんて想像だにしなかった。さりとて今の時代にホールを改装して2階以上にエスカレーターを取りつけようにもそのスペースすらないのが現状だ。某都内の有名ホールは客席が5階までありそこで聴く響きが最高といわれているがそれを耳にしたご高齢の方々は、たまには自分達だってその席で聴いてみたいという要望が強く主催側に詰め寄ってくる。そういわれてもおんぶして聴いていただこうにも最近の年配者は体格がよく、背は高くともひ弱な現代の青年では5階まで運ぶのはとても無理だ。

演連設立に尽力なさった50年前の音楽家の中には亡くなられた方々も多く当時の理事

の顔ぶれも井口基成理事長を始めとして、安川加寿子、藤原義江、吉田雅夫、中山悌一、（順不同）の諸氏やその他多くの先輩を想うとき、哀惜の念に堪えない。

この欄で何度か触れたが演連設立の機運が持ち上がったことと東京交響楽団（以後東響）の歴史と無関係ではない。当時文化庁もなければオーケストラ連盟もなかった昭和39年、世の中オリンピックだ、高速道路だ、新幹線開通だと湧き上がっていた時、悲劇が起きた。

映画の東宝が東宝交響楽団の名称で昭和21年に創立したが戦後の混乱期に映画全盛の影響で一筋の芸術文化に華を添えた。しかし昭和24年頃進駐軍による労働組合排斥ともいえるレッドパージ（赤狩り）で肝心の親会社である東宝がオーケストラ経営から手を引き、やむなくオーケストラ側は東京交響楽団と名称を変え最初の楽員管理オーケストラとして再建を試みた。幾多の困難に遭遇したが、幸い山田耕筰氏を始めとして多くの人達に支えられた。東響の歴史で忘れてはいけないのは当時より初代常任指揮者上田仁氏を中心として殆ど注目されなかった共産圏の素晴らしい作品を積極的に日本の聴衆に広めたことだ。本邦初演曲としてショスタコーヴィッチや馴染みの曲としてはチャイコフスキーのバレエ曲白鳥の湖、プロコフィエフのロメオとジュリエット組曲、西側の作品としてはワーグナー歌劇「タンホイザー」、ヴィヴァルディの「四季」も含めてその数２００曲とも３００曲とも言われている。

昭和31年民放テレビがあちこちで開設され、東響は東京放送と専属契約を結んだのを機に最初の財団法人が認可され世間から注目された。因みにフジテレビが日本フィルハーモニー交響楽団を、昭和37年にはよみうりテレビ網が読売日本交響楽団設立と相次いだ。

しかし順風満帆に成長を続けていたはずの東響は昭和39年の東京オリンピックを迎えた年に突然東京放送より契約を解除され経営が成り立たなくなった。オリンピック開催という一見華やかな年に見えても実際は昭和30年代の好景気の反動からか、かなりの不況風が世間に蔓延していたことが直接の原因だった。どうにもならなくなり結局創立楽団長は新・荒川放水路に入水してしまい一挙に楽団員は路頭に彷徨った。僕自身も入団間もない時期であり東響は再びスポンサーなしの楽員管理の自主オケに戻ってしまった。このような状況になっても文化庁も何もない時代であり相談するところもなく音楽団体の間で「明日は我が身」という悲創感が漂った。このことが演連設立の原点であり一種の助け合い精神から昭和40年に設立された。当初発起人85名でスタートした演連は初代理事長にピアニストの井口基成氏を迎え今日まで幾多の困難を何とか乗り切ってきた。現在伊藤京子理事長の元、会員数3，485名という大所帯に変貌し来年50周年を迎えるにあたり、増々日本における芸術文化発展のための責任の重要さを担っていることをご理解いただけよう。

このような経緯で設立された日本演奏連盟は50周年を新たなスタートの年と考え、記念事業を来年7月6日から1週間にわたりサントリーホールブルーローズで行うことを決定した。会員の皆様にも趣旨に御賛同頂きご寄附のご協力など節にお願いするものである。

外国人から見た日本の品格

僕の知り合いにK・Kさんというジャーナリストがいらっしゃる。この方はNHKのモスクワ支局長を経てウイーン特派員等で辣腕を奮われたが、定年退職後も国際人としてあちこちで活躍されている著名な方だ。今も毎週日曜日にNHKラジオ等で時の国際的話題を提供している。これを元にして毎月知人、友人に1~2回メールでニュースを送ってくださる。先日たまたまタイトルを「騒音と電柱」と称して日本における戦後良くなった面、相も変わらずといった面など、知り合いの外国人特派員の目から観た日本の社会情勢を鋭く追及された文章がメールされてきた。

敗戦の混乱から今日まで70年の歳月が経過したがこの間国民全体が死に物狂いで頑張った結果、奇跡的に世界有数の経済大国を成し遂げた。だが失ったものも大きかった。公害に伴う自然破壊、大気汚染、これらが治まったと思ったら、街の品格とでもいうかそういった意味では外国人から見た日本の社会はまだまだという指摘を受けるという。例えば街の警笛類は確かに静かになったが、一方駅で電車を待っているとか停車したとき、なぜあれほどの音量で一日中喚き通すのか、特に朝夕のラッシュの時などはすさまじい。車内放送も、動き出してから停車するまで駅ごとに何故アナウンスしなければいけないのか。僕も含めて音楽の世界に身を置き音に敏感な会員の皆様にとって駅の騒音はともかく例えば札幌雪まつりとか夏、海水浴に行った時、1日中鳴り響く大音響なんかは外国人でなくとも気になろう。その他指摘されたのは街中至る所に電柱が乱立しており、それには大小を問わずコマーシャルが凄い。日本文化は世界に少なからぬ影響を与えてきた繊細な文化を育んできたはずなのに、ここだけは日本の中で異質な騒音であり風景ではないのか。6年後の東京オリンピック・パラリンピックまで直しておかないと日本は大恥を斯くのではないか、ということを外国人ジャーナリストがいっているそうだ。僕はこれを読んでちょっと待てよ、これは世界的に見てそんなに恥ずかしいことなのか?と最初に思った。確かに毎朝の駅の雑踏に纏わる騒音や車内放送が気にならないというわけではない。しかしこの程度気にして世界に恥ずかしくて顔も向けられない程のことなのか。一番先進国ズラしているアメリカはどうなのか?行ったことがある人ならばご存じかと思うが、この国のいかなる大都市も汚いこと甚だしいではないか。それどころかいつまでも銃規制を行わない結果、幼児がハンドバックの中をいじっている内に拳銃が暴発して母親に当たり死亡事故が発生したとか、それどころか学園で度々頻発する銃乱射による大量の殺戮とは何なのか。日本は今までオウム真理教事件以外テロに襲われた経験もないし大量に殺された経験もない。このことは何もアメリカに限らず、世界の先進国のどの国に行っても安心して暮らせるのは日本くらいなものではないか。僕はむしろ日本くらいのこの程度の欠点があった方が、むしろ心が落ち着くような気がする。

外国人全体の評価の一つに自己主張が強いというのがある。これは日本と違って自国に他民族が多く存在して違う者同士だと互いの考え方が違うと思い込みその結果、自分のことは自分で守ろうとするためには自己主張を強くするようになる。日本のように単一民族でないから俗にいう「あ・うんの呼吸」は理解出来ない。外国に行って駅で電車を待っていて発車時間がきても誰かがマイクでガナリ立ててくれるじゃなし、発車ベルが鳴るわけでもないのに、いつの間にか動き出し慌てて飛び乗ったなんていう体験をなさった方もいらっしゃるのではなかろうか。すなわち教えてくれると思って他人を充てにしてはいけないのが外国だ。

東京オリンピック・パラピンピックが開催される２０２０年は観光客が外国から

３０００万人以上が押し掛け華やかなシリーズとなるという。治安を最大のテーマとして安心と華やかさを全面に出す祭典を世界にアピールする限り、多少の駅や車内の騒音や電柱の汚れなど気にする必要などなかろう。ましてやスポーツばかりではなく音楽文化面を交えた大イベントが考えられている。むしろ街の景観も大切だがそれよりもっと大きな問題点（予算の縮小、以前使った会場の再利用とか）を配慮するべきではなかろうか。

素敵・熱烈な拍手

音楽家に限らずあらゆる舞台芸術家にとって何よりの生き甲斐は、お客様の素敵で熱烈な拍手だ。今までの努力と苦労が報いられたと思う瞬間だからだ。拍手にもいろいろあるが、手が痛くなるくらい叩くほど心から感動した演奏に出会った時、双方最高の幸せを感じる。

日本演奏連盟がいろいろお世話になり、また大変なクラシックファンであり、日本における若手音楽家の育成に多大なる貢献をしてくださっている宗次徳二さんという方がいらっしゃる。宗次さんはカレーチェーン店の創業者であり、今やそのお店の数はカレーレストランとしては世界一としてギネスブックに載っている。しかし53歳になったのを機に突然、商売を他人に任せてしまった。その後クラシック界発展に尽力され、半端な援助に留まらなかった。宗次さんの凄いのは両親の名前も知らないいわゆる天涯孤独の孤児で、昭和23年石川県で誕生、やむなく養護施設で育ち、3歳で養子に迎えられたが、決して幸せな家庭ではなく生活は悲惨で極貧の青春だったという。しかしそのような環境にも負けず幾多の困難をも克服して商売に徹した結果、見事大成功を修められた。商売引退後は若手音楽家のために何台も高価な名器を買い揃えて無料で貸与したり、当連盟の学生のための奨学金制度を確立してくださった。そればかりか、名古屋市のど真ん中に３００人収容のホールを建設され昼夜コンサートを開催されている。宗次さんの生涯の標語は「お客様　笑顔で迎え　心で拍手」が全ての原点という。

芸術家に限らず全ての社会人にいえることは、何処かで誰かが聞こえない拍手をしているかどうかでその人の人生が決るのではなかろうか。

昨年指揮者秋山和慶さんは目出度く文化功労者に選ばれた。２０１２年には同じく飯守泰次郎さんが文化功労者と日本芸術院賞を受賞された。ご両人は同年配であり名伯楽、齋藤秀雄先生の愛弟子だった。齋藤先生もきっと草場の蔭で咽び感泣なさっていることであろう。

飯守さんの日本芸術院賞の授賞式の折、飯守さんの推薦があったのか、僕が同行することになり上野にある日本芸術院会館に赴いた。天皇皇后両陛下のご臨席を仰ぎ、厳かに授賞式が執り行われた。各界から8名の方々が受賞され音楽界からは飯守さんのみであった。以前から気になっていたことだが、我々の世界からの受賞者が少ないのはなぜなのだろうか。飯守さんは、桐朋学園大学を卒業後ヨーロッパに渡り、１９６６年リヒャルト・ワーグナーの孫、フリーデリンド・ワーグナーに見出され、飽くなき努力と情熱でワーグナー音楽に20年以上情熱を注ぎ真髄を極めた。それまで日本ではワーグナーというとスケールが大き過ぎて演奏するも序曲のみのことが多く、殆ど未知の世界だった。今日ではワーグナーブームといわれて久しいが、その功績者として飯守さんを重要な一員に挙げることに異議を唱える人はいなかろう。決して派手ではないが地道に努力するタイプであり今までに先の文化功労者を始め多くの賞を受賞し、２０１４年から新国立劇場の芸術監督就任というのも皆さん納得だろう。大喝采（拍手）だ。

東京交響楽団は定期演奏会と銘打って3ヶ所で計21回の公演を開催している。サントリーホールを皮切りに、ミューザ川崎シンフォニーホール、りゅーとぴあ新潟コンサートホールだが、お客様の拍手がそれぞれ地域によって違うから面白い。川崎、新潟では楽員が舞台に現れると暖かい拍手が湧き起こり楽員も最後まで立ったままで応える。一方東京のお客様は楽員が出てきても反応は先ずない。最後にコンサートマスターが登場してきて初めてお義理？の拍手が起こる。僕が東響の楽団長時代に思ったのは、どうもこれはお客様に拍手を強要しているように感じたので、ある時からコンマスも含め全員いっせいにステージに出て行くように指示したが案の定拍手は起きず虚しかった。それに較べてウイーンフィル、ベルリンフィル等が来日時の拍手はすさまじい。楽員がステージに姿を表すや否や、ウオー！という雄叫びと熱狂的な拍手で迎えられる。早く日本のオーケストラも雄叫までは望まないが、せめて地方のお客様くらい出迎えられるにはどうすれば良いのか。日本のオーケストラにオーラみたいなものが感じられないせいなのか。技術向上は無論のこと、このようなことも研究の余地があるのかも知れない。

何もかも、より一層の努力が必要ということか？

あるシンポジウム（その1）

このところ日本のオーケストラのレベルが上がり、そろそろ欧米のオーケストラと較べても遜色ないのではないかと密かな自惚れと野次馬的好奇心も含んだ囁きが伝わってくる。しかしこのような話は論争まで起きているわけではなくあくまで噂に過ぎず、具体的に論じられたことはなかった。

日本にプロのオーケストラが存在して約100年、そろそろこのような議論が飛び交うことも必要になってきた時期かもしれない。最近僕がかなり信頼しているある音楽評論家に謙虚？に「最近日本のオーケストラは昔と比べて欧米のレベルに追い付きつつあると言われることがあるが、○○さん、どう思う？」と聞いたところ即座に「あちらのオーケストラも年々腕を上げているからね〜何を根拠にそういうのかなぁ」と躱された。

そんなことがあった矢先、昨年暮れ興味あるシンポジウムが開かれた。文化庁が率先して予算を組み、外国人評論家を呼んで正直なところ外国では日本のオーケストラをどう評価しているのか、問題点を指摘してもらうことにした。パネリストとしてアメリカ、イギリス、ドイツ、フランス、途中からスイスも加わり日本の評論家T氏も参加した。それぞれ自国を中心として長い間評論の仕事に携わっている論客ばかりで日頃から自国でも辛い評論をする人ばかりと聞いていた。当日は楽団関係者、マスコミも出席した。指定されたオーケストラのコンサートが始まる1週間～10日くらい前に招聘して前もって日本のオケのコンサートや練習を聴いてもらい、その時の印象も話してもらうことになっていた。司会者が挨拶で「日本からお招きしたからといって決してお世辞だけは言わないでください。」といったまではカッコよかったがすぐに後悔するハメになった。

フランス人に始まり次々と自国のオケとの比較論を述べた。日本の音楽家についてはは作曲者、ソリストの何人かは知っているがオーケストラになると殆ど知識はない、に始まり「先日聴いたオケで強いて良い部分を上げるとするならば、とてもドイツ的でリズムが良い。しかしその分静か過ぎて冷たくて音楽がつまらない。練習でも楽団員は指揮者まかせで自ら音楽への主張が感じられず積極性も活気も感じられない。私が聴いた最初のオーケストラはここ数年聴いたことがない程の酷いレベルの演奏だった。指揮者も最低であのようなのが我が国でやったならばダメ指揮者としてレッテルを張られるであろう。それでもオーケストラは何ら抵抗も見せず大人しくついていったのには驚いた。」

とボロクソ……

来日する指揮者の中には、日本の楽団員は大人しいとはいうがそれは日本人の特質であり、そのことは決して音楽づくりにマイナスではない。それどころか練習は外国のオーケストラと比べて指揮者とのやりとりは少ないが日本人特有の内に秘めたる熱情は凄いものがある。それを引き出す指揮者こそ素晴らしいのだと。

今回来日した評論家は違っていた。例えば「プログラムだが古典ものを中心に組んでいるようだが、こんなことをいつまでもやっていると若者が付いてこない。これを打破するには出来るだけ若い指揮者を起用して現代曲を積極的にとりあげるべきだ。折角日本にも武満徹とか細川俊夫、藤倉大など世界に通用する作曲家が存在するのだから、こういう人の作品を中心に積極的に組み入れるべきではないか。老舗といわれるオケも聴いたが観客の7～80％が高齢者でコックリ、コックリ居眠りしているのが目立った。」

僕が思うのだが居眠りはともかく外国のオーケストラのように、基本的に運営の大部分を国なり州、街が支えていることを考えると、ある意味とても羨ましい環境にあるわけでこれだと経営を考えないでも自国の作曲家の作品を積極的に紹介出来ると思う。それに引き替え我が国のオーケストラの現状は大部分、先ずチケットをいかに販売して経営を少しでも安定に結びつけないと団体は維持出来ないのだ。自国の音楽を積極的に取り上げることは大切と思いつつ、その分ジレンマに陥る。それと現代曲を積極的にやったからといって若者が振り向くなんて到底有り得ない。

その外積極的に指摘されたのは「日本のコンサートの殆どは序曲、コンチェルト、シンフォニーというパターンに限られている。このようなプログラムはヨーロッパでは今や全体の10分の1くらいしかなかろう。いつまでもこんなことをやっているから東京のコンサートは活気が感じられないと言われるのだ。」……

あるシンポジウム（その2）

今回のシンポジウムでは外国から見た日本のオーケストラとはこのような印象を持たれているということについて腹も立ちつつ素直に反省する部分もあった。しかし納得出来ないのは例えば練習における指揮者と楽団員との関係について日本のオーケストラの練習風景は静かで大人しいばかりという指摘であった。日本人気質が世界に通用するかどうかはともかく、独特の意志疎通を図る民族であることを理解していないということではないか。日本のオーケストラは指揮者の言うとおりやるだけで楽団員自身の主張が何もないということについて、さすがに当日出席の日本人評論家がおっしゃったように、そこには日本人独特の繊細さ、ち密さや俗にいう「あ・うん」の呼吸みたいなことがあるわけで、大きな声で自己主張しないと何事も通じない社会に住んでいる欧米人との比較は出来ないであろう。練習中指揮者とワーワー喚き合うことのみが音楽つくりのために良いとは思えない。その外、当日彼ら評論家が主張したのは「日本のオーケストラのレパートリーはいつまでも古典名曲が中心でこれでは博物館に行ったみたいだ。将来に対する展望が感じられない。いまの時代の要請に応えようとする努力が見られない。自分達をアピールしようとする気概が感じられない。このまま変化もなくいつまでも序曲、協奏曲、交響曲というパターンでは若者がついてこない。東京の街はあんなに活気に満ち溢れているのに音楽界がなぜあの雰囲気に馴染まないのか。」とボロクソ！これは実情を知らない外国の評論家だからいえることであって、日本の楽団経営の実態は常識を遥かに超えている。前号でも触れたが例えば現代曲を積極的にやってみたところで今の若者が聴きにきてくれるとは到底思えない。無論中にはこのような音楽にすごく興味を持っていて似たようなことをいうファンもいるが、ともすると招待券を持って聴きに来る聴衆であることが多い。むしろお金を払って来てくださるお客様の殆どを占める50代以上は次第に演奏会場に足を運ばなくなっていくであろう。そうなれば楽団維持をどうするのか。

なにしろ日本という国は経済大国といわれつつ、文化庁に対する予算は国家予算の0・1％に過ぎない。その内文化財保護、維持費に45パーセント取られ残りをオーケストラ、オペラ、合唱、バレエ、演劇と何百あるか知らないが舞台芸術団体が砂糖に群がる**蟻の如くが**実情だ。よって演奏団体に回ってくる金額たるやほんの一掴であり年間予算のX

分の1にも満たないのだから……

助成金が充てに出来ない分、古典ものに限らず毎回いかにお客様が興味を持ってくださる曲目にするかについて団体ごと血の滲むような努力をしている。それでもオーケストラの中には無理しながらも年数回、現代曲や話題作を全面に出した自主事業や定期演奏会を行い、世間に問うというコンサートもやっているのだが……

来日する前に日本の現状を少しは調査した上で意見をおっしゃったのなら耳を傾けることもあったであろう。同時に反発を感じた原因は、別に御世辞をいってもらいたくもないが、もし彼らから音楽家に対する最低限必要な「優しさ」「思いやりの心」が感じられたなら、こちらも少しは救われたように思う。

毎年この時期（1月〜3月）開催されている都民芸術フェスティバルというのがある。これはオーケストラのみではないが東京都が全面的に予算を組み、当連盟が主催するシリーズで今年で46年の歴史を刻んできた。低料金で都内の8団体のオーケストラが短期間で出演するいわば芸術の祭典ともいわれている。お客様の多くは50、60代以上が多くどうやらオーケストラのコンクールという感覚で楽しんでくださっているようだ。しかも曲目は今回の評論家には「博物館入りプログラム」と酷評された超名曲の古典ものながら、それでも入場者は満員御礼を含めて平均して87％を超える。このような現状を無視してでもあの方々は若者が関心を持つようなプログラミングに変えるべきとあくまで主張なさるのか？もし方針を変えておっしゃるような若者好みにした場合、それが浸透するまで持ち堪えられるオーケストラは何団体あるだろうか。

下總皖一という世にも不思議な作曲家

先日、埼玉県加須（かぞ）市においての下總皖一（しもおさ　かんいち）という作曲家の「愛用ピアノ修復完成披露音楽会」という珍しいコンサートに招かれた。

全国的に下總皖一という作曲家の名は必ずしも誰もが知っているという訳ではないが、下總さんが作曲した中には殆どの人は一度は聴いたことがある童謡が多い。『電車ごっこ』『野菊』『鯉のぼり』『蛍』『たなばたさま』等など数々ある。童謡に限らず実は氏の作曲分野は極めて幅広く、昭和37年64歳で没するまで合唱曲、器楽曲、協奏曲を含めると２０００曲以上に及び、その内全国の校歌の作曲に至っては４００曲以上といわれている。

下總皖一は明治31（１８９８）年、埼玉県原道村（現加須市）で生まれ（ちなみにこの年に指揮者近衛秀麿も出生）、その後埼玉師範学校本科（現埼玉大学）から東京音楽学校（現東京藝大）に進み大正９年同校を首席で卒業した。その後暫らく教職に携わったが、昭和２年上京し、昭和７年34歳の時、文部省在外研修員の作曲研修生としてドイツに渡り、当時世界的な大作曲家として著名なパウル・ヒンデミットに師事する幸運に恵まれた。

昭和9年帰国後東京音楽学校に迎えられ講師から助教授になり昭和17年に教授に就任した。この間作曲ばかりではなく次々と理論書を発表し、現代における作曲理論、和声学の基礎を築いた。昭和31年東京藝術大学音楽部長に就任し、弟子の中には今や日本を代表する多くの作曲家が育っていった。

加須市が周辺の町、村を合併したのが5年前だそうでこれを記念して今回のコンサートが開かれた。市長、議会議長、議員多数が出席のもと、楽しげに下總さんの名曲の数々が演奏され感動した。当日東京藝大時代に師事した弟子たちの何人かが駆けつけた。その中に日本を代表する作曲家の一人、東京藝大名誉教授、佐藤眞氏が修復ピアノで鮮やかな演奏を披露した。さすがに音色は長い間弾いていなかったことと裏板が古くなったためか、響きが今一だったが、そこは佐藤氏のテクニックと音楽性で見事補うことができ、もう一人の高弟、鎌田弘子女史の見事な指揮による合唱も記念コンサートに華を添えた。

開演前少し時間があったので下總さんの生家に案内された。残念ながら最早旧家は取り壊されており、別の家が建っていた。当初旧家を記念館として市が買い取って保存しようと盛り上がった時期もあったが最終的には我が街はもっと価値あることにお金を使うべきという意見に押し切られ残念ながら残すことは出来なかったそうだ。まぁこのようなことは加須市に限らず日本人の中には芸術文化に対する認識はこの程度といってしまっては言い過ぎか。下總さんが学んだ小学校にも立ち寄ったが校舎は無論近代風な建物に変貌していた。

その前に校歌と共に下總少年の銅像が立っていた。制作を担当したのが地元の彫刻家で「下總皖一を偲ぶ会」の会長である中島睦雄氏だ。同行してくださった会長曰く、銅像は和服に帯をしていたが、制作当初時代的背景を考慮して縄にしようと提案したが、これではあまりに品がないといわれ、やむなく帯にした。しかし足元は靴も下駄も何も履いていない裸足の少年なのだから縄にしておけばもっと自然で貧しくとも郷土が生んだ天才音楽家というイメージがより強くなったのではないか、と悔やんでおられた。大体加須市は県外に限らず県内でも「**かぞ**」ではなく「**かす**」と呼ばれることも珍しくないのだそうだ。だが今回の東北震災に際し、いち早く被災者に手を差し延べ4年を経過した今日でも多くの仮設住宅が市内に存在している心の優しい街なのだ。このように心温まる加須（**かぞ**）市という地名を下總（しも**おさ**）皖一の名声と共にもっと全国に広めようと有志の方々が努力している。

埼玉県は数年前に下總皖一の功績を讃え、「下總皖一音楽賞」というのを設定した。僕が埼玉県在住ということもあってか県文化振興課より審査委員長を仰せつかった。これが縁で上村則夫さんという加須市の観光大使でありアイディアマンの名物男と出会った。上村さんからいろんなお話しを伺っている内に下總皖一の人物像を知り感動し、今回のコンサートにお招き戴いたことに繋がった。

下總皖一の座右の銘は――

「**高く飛ぶ鳥は地に伏すこと長し**」

音楽家に限らず全ての人生に通ずる名言だ。

開通した北陸新幹線に想うこと

たまたま朝刊を読んでいたら金沢市出身で直木賞を受賞した某作家の随筆が載っていた。北陸新幹線が開通した印象を多少拗ねながらも若い頃の想い出を交えた内容だった。富山県生まれの僕にとってなるほどと頷ける文章だった。確かに一番早い「かがやき」だと東京駅から金沢駅まで2時間28分、富山まで2時間8分は凄い。停車駅も東京を出ると上野、大宮に続き次が長野で富山、金沢に到着しそれでオシマイ。観光地、飲食店は何処も大変な賑わいでむしろ地元民が締め出され状態とのこと。しかも他の駅も含めて完璧なメンテナンスを施した建物が聳え建っているのだという。きっと利便性は計り知れないだろうが、SL時代を体験している僕の時代を思い起こすと、ちんたら乗って景色を楽しみ途中アプト式の横川駅の釜めしを貪りつき、見ず知らずの隣のオッサン、オバチャンと話が弾み結構充実していた頃というのは何だったのか。今回の新幹線開通とのギャップに戸惑い、故郷の新幹線開通という歓びも絡んで複雑な思いが交差し素直に喜べない気持ちもあった。余計なことながら来春北海道新幹線が開通するそうだが途端に人気はそちらに移るのではないか。

僕が学生の頃というのは昭和三十年代でありSL全盛時代で煙モクモク列車が殆どだった。特に印象深いのは夏休みに入って帰省する時、上野発23時何分だかで発車まで席を獲保するために何時間も前からホームに並んでやっとの思いで席を確保した。金沢行きの鈍行は背中が板張りで何の変哲もない車両だった。当時でも寝台夜行列車や特急があったが僕は帰省するまでに鈍行料金のみを残して使い果たし、やっとの思いで買った切符だった。当然車内はクーラー設備なんかなくて走り出したら一晩中窓の開閉作業におわれた。開けっ放しだと煙やら石炭の粉が容赦なく車内に入るのでやらざるを得なくこれに一番閉口した。

直江津に到着した列車はここで方向転換をし1時間くらい走ると富山県側に入った。すると左に立山連峰の雄姿が聳え、あ〜、故郷に戻ったのだとようやくほっとしたのを覚えている。真っ黒になって家に帰るとおふくろがお風呂を沸かして待っていてくれたのを今となってはとても懐かしく想いだす。多分富山まで鈍行だと12時間前後かかったのだろう。

地元の友人が開通前から意地悪くいっていたのは「確かに早いかも知れないが殆ど壁

に囲まれていて景色どころか立山連峰もあっという間に過ぎ去り味も素っ気もない電車じゃないの？」乗ってもいないのによくぞここまでいえたものだ。きっとこの人も僕のように昔の郷愁が根深く何も東京まで2時間で行くこともなかろうにと直木賞作家同様**拗ねて**いるのだろう。僕も多少はあったが正直一度は乗ってみたい気持ちも強烈だった。それが開通して2か月が過ぎようとしたつい先日突然実現した。珍しく土日が休みで今度の連休に何処へ行こうかと家内と話している内に閃いた。そうだ！北陸新幹線に乗って富山に行こう！ただ鉄道マニアや子供じゃあるまいし目的もなしに新幹線に乗るのも気恥ずかしいので思い切って富山にお寿司を食べに行こうということとし早速チケットを手配した。しかも思い切りはずんで**グランクラス**という特別席を申し込んだ。この席はグリーンの上のランクに位置し今までにない最高クラス。こんなのに乗って富山にお寿司を食べに行くなんて我が人生では考えられない贅沢だ。ＪＲは年寄りにも親切で１００キロ以上乗ると大幅に料金が安くなるはずが、この席だけはだめといわれ計算が狂ってしまった。しかし今更引っ込みがつかず「清水の舞台から飛び降りる」つもりで計画通り購入した。乗り心地は揺れも少なくとにかく早くて快適！富山の意地悪な友人が指摘した壁も殆ど気にならず「味も素っ気」もあり、懐かしい立山連峰も光輝いてい

た。何より車内サービスは感激でちょっと合図すると係りの女性はすっ飛んでくるし食べ物、飲み物全てタダ！（サモシイ〜）

話は変わるが東京交響楽団が25年続いている年末恒例の富山の「第九」は今年も開催される。毎年楽団員がこの演奏旅行を何より楽しみにしている理由は終演後街に繰り出し美味しい富山の料理に舌鼓をうつことにある。万一主催者側が今年から2時間で東京に帰れるのだからと「宿泊費カット」なんてならないだろうなぁと皆恐れている。（5月現在）

その夜は富山の銘酒と富山湾採れたての魚でお寿司を堪能して翌日、実力どおり普通車席を大幅割引で買って家内と狭い座席に肩を寄せ合って乗車した。でもその方が身分相応なのか日頃通っている地元の電車に乗ったが如く心が落ち着き爆睡して無事帰宅した。

今回身に余る旅をしたせいか身体もビックリし10年ぶりに風邪を引いてしまった。

褒める

先日テレビを見ていたらサッカーコーチとして世界的に名高いスペインのメゲルさんという人が、日本の子供たちを1週間という時間を区切ってその指導法と子供の限りない才能の素晴らしさを披露するという番組があった。或る意味日頃の子育て教育に共通する部分も多く2人の子共を育てた経験を持つ僕にも耳の痛い話が多かった。

このコーチの基本はその子の良いところを見つけて「褒める」に尽きる。

何かの切掛けで**親バカ**な親はひょっとしてこの子に音楽的才能があるのではないかと密かに錯覚する。特に音楽に多少理解があって大好き人間にとってこの子は自分の夢を適えてくれるのではないかと先ずは自ら先生になり音楽を教えようとする。しかし最初の先生が親だったら最悪のことが多い。教えていても日頃の親子関係が発生しそんな中でレッスンを行う。これでは子供はたまったものではない。最初興味を示していた子供もすぐに飽きていうことを聞かなくなる。すると親も癇癪を起して叱る。時にはビンタも飛ぶ。子供は反抗し優雅で好きだったはずの音楽もその場は修羅場化する。こうなると親子だけに難しく音楽でなくとも他の分野でも同じパターンが生まれる可能性があろう。

或る音楽雑誌でこのところ毎月ピアニスト小山実稚恵さんとジャンルの異なる一流の方々との対談が載っている。とても興味あるシリーズで毎月愛読している。概してこれら一流人は音楽が好きか嫌いは不明ながら共通する部分も多く興味深い。例えばリズムとか脱力、忍耐とかいう言葉が頻繁に飛び交う。中にはオリンピックで金メダルや出場連続5回という猛者もいる。皆共通しているのは子供の頃一番嬉しかったことは親なり指導者から褒められたことだという。これが今でも覚えているということはいかにその一言が強烈だったかということだ。「褒められる」ということは自分が認められた第一歩であり、それが大きな奮起となりその後の人生、最高の結果に繋がったのであろう。

例えばどの世界でもよく耳にするのはあの人、本当は素晴らしい才能の持主だと思うけど、もう少し努力さえすれば大した人になるのに惜しいなぁ、というセリフ。僕にいわせればその人は惜しくも何でもなく、ただの人だったというより普通はそうなのだ。つまりそれくらい努力するということは辛くて大変なことなのだ。

音楽でなくてもいいが、何か一つのことを成し遂げるということは半端な根性では有り得ない。音楽で例えれば、誰も見ていなくとも毎日8時間以上、時には10時間を超える練習するなんて普通はできない。それも3年や5年ではないのだ。それをやり遂げる人のみが超一流の音楽家かアスリートの道が可能になるのではないか。それを実行できる人は上手い下手はともかく、それ自体才能があるという証だ。それを支えたのが褒められたということが原点ではなかろうか。**努力**という言葉は人生において誰もが簡単に口にするが、これほど難しいテーマはないのかもしれない。

しかしそれ自体凄いことだがやったからといって皆一流になるとは限らない。それを目指すとなると忍耐のみではなくその他あらゆる才能、時には運も味方にして高度なレベル同士が競い合い結果を出し、順番がつくという残酷な世界だ。

簡単に比較出来ないがアスリートがオリンピックに出場するということは、音楽界に例えれば3年か4年置きに開催される著名な国際コンクールに挑戦して決勝に残りその結果次第がオリンピックの金・銀・銅に匹敵するくらい凄いことに違いはない。

恥ずかしながら音楽家の端くれの僕のことに触れることをお許しあれ。僕も一応一流のヴァイオリニストを目指した時期があった。確か昭和28年中学2年の時、郷里富山から親父に連れられてトロトロＳＬの高山線に乗って名古屋に行き、煉瓦作りの市公会堂で何とヤッシャ・ハイフェッツを聴いた。エラク感激して「オレもやがてはハイフェッツを目指して世界に挑戦状をタタキつけられるようなヴァイオリニストになるぞ！」と意気込んだ。そこで専門教育を受けるべく親父を説得して15歳で上京した。しかし精神が軟弱（？）だった僕は教わった先生はあまりに厳格でレッスン中は怒鳴られ、貶されっぱなしで意気消沈し、とてもじゃないが８時間も10時間も練習する気力も消え失せてしまった。今から思うと先生が一言お世辞であれ「オマエも良いとこあるよ」と「褒めて」くれたなら少しは僕の音楽人生も変わったかもと悔やんでみたり逆にほっとしているのも本音だ。名古屋でのハイフェッツへの情熱は何処へやら、結果は辛うじてプロのオケで13年間ゴソゴソやっていたで終わってしまった。

宇宙開発と冥王星

イギリスの作曲家グスタフ・テオドール・ホルストが１９１４年〜16年にかけて作曲した「惑星」は地球以外の７つの惑星を題材とした壮大な作品であり、近代オーケストラ作品の中でも代表作の一つとして広く親しまれている名曲だ。火星、金星、水星、木星、土星、天王星、海王星の順序で作曲されそれぞれにホルストが感じるその星のイメージの題名がついている。オーケストラ編成は基本４管でパイプオルガン、幽玄で神秘性を表すための合唱までついているという演奏時間約50分という大スペクトルだ。但しこの当時冥王星は未だ発見されておらず１９３０年になってやっと見つかった。何しろこの星は地球から47億７千万kmという気が遠くなるような距離にある。アメリカ航空宇宙局（ＮＡＳＡ）が冥王星を目指して無人探査機「ニューホライズンズ」を打ち上げたのが２００６年1月19日だった。それが今年つい先日に冥王星まで1万２５００kmまで近づき管制センターは歓びに沸いたという。前後して７万７千kmから撮影された映像が新聞・テレビで報道され表面の割れ目模様が鮮やかに映り、科学の進歩に驚かされた。このまま宇宙科学は何処まで突き進むのか。

このところ日本でも宇宙飛行士が９人も誕生し宇宙ブームが起きている。種子島の宇宙センターで日本の宇宙ロケットが打ち上げられる時など、島中が大変な賑わいという。

７月23日中央アジアのカザフスタンから発車されたロシアの宇宙船ソユーズに搭乗した油井亀美也さんは日本人としては10番目の宇宙飛行士だ。発表では油井さんが乗ったソユーズは国際宇宙ステーション（ＩＳＳ）に無事ドッキングに成功したと報道された。

油井さんは子供の頃から宇宙飛行士か天文学者になりたかったそうだが防衛大学に入ったために一度は諦めかけた。たまたま自衛隊の航空隊に入隊したが、ずば抜けた能力を発揮し直ぐにテストパイロットに推挙され、その後改めて宇宙パイロットに挑戦するよう勧められた。結果、宇宙飛行士に必要不可欠な操縦技術が修得されていて見事合格した。ここに至るまでの訓練は生易しいものではなくて例えば遠心力は地球の重力の８倍もかけるという壮絶な体験だったらしい。だがテストパイロットで似たような経験をしてきた油井さんは意外に平気だったそうだ。この快挙に油井さんのお父さんがテレビのインタビューで「息子を尊敬する」と答えていた。世の父親の誰しもが羨ましかったに違いない。宇宙飛行士に選ばれた時、油井さんは「中年の星」になるのだと自ら宣言している。めったに真似の出来ない**中年の星**の誉れだ。

思えば宇宙開発も元を質せばアメリカとロシア（当初はソヴィエト連邦）の軍事競争からスタートしたわけで、その競争の結果現在のレベルの高い宇宙技術が生まれたといっても過言ではなかろう。最初の有人宇宙飛行士は１９６１年ソヴィエトのガガーリンさんで〔宇宙は青かった〕という名セリフを残した。それに刺激を受けたのかアメリカが１９６９年にアポロ11号で人類初めて人間を月に送った。我々世代の少年時代はお月様には兎がお餅つきをしているという他愛のないイメージがあったが、月に人間が行ってしまった現実は今どきの子供たちには夢も**うさぎ**もなくなっているのであろう。

この宇宙開発の進歩も尊い犠牲があったからこそではなかろうか。１９８６年1月28日午前11時39分頃、アメリカフロリダ州沿岸で起きた悲劇だが７人の宇宙飛行士が乗ったスペース・シャトル・チャレンジャー1号が発車73秒後に観衆の目前で大爆発を起こして全員帰らぬ人となった。笑顔で手を振りながら乗り込んだ直後だっただけに余りに悲惨だった。

女性で最初の宇宙飛行士はソヴィエトのテレシコワさんで日本人では８番目の山崎直子さんが宇宙から地球を観て「地球は生きている」といったのが記憶に新しい。いつごろからかだんだん宇宙は一国が独占するものではなく地球全体の財産という考え方が定着しつつある。予算の高騰もあり、宇宙飛行士もその国だけではなく互いに協力し合い世界中から公募し、技能が優れた人物は無論だが何処の国であれ協調性が重要な要素となった。何しろ長時間狭い空間で今回の場合5か月も四六時中集団生活するわけだから順応性を最も大切にするのは当然だ。

話は最初の音楽に戻るがイギリスのホルストの「惑星」の他にオーストリアのヨゼフ・シュトラウスの代表作、ワルツ「天体の音楽」という名曲がある。この曲はメロディ・ハーモニーの美しさはまさに天上・天体の幻想の夢を適えさせる。隣国中国、韓国共外交関係が上手くいかなくなって久しい。だったら3国の宇宙飛行士のみでメンバーを組み共同作業をしながらこの「天体の音楽」を船内に流してその模様を各国に流すことでひょっとして解決の糸口がみえてくるのではないか、など淡い期待をしつつ猛暑の夜、お星さまを観ながら遠く宇宙への思いを馳せる昨今だ。

或る篤志家の真心

つい先日、想い出深く心温まるコンサートがサントリーホール大ホールで行われた。「チェスキーナ・永江洋子メモリアルコンサート」と銘うった追悼コンサートだった。この方は今年1月10日イタリア・ローマ市内の病院で亡くなった。

この日の演奏はワレリー・ゲルギエフ指揮東京交響楽団とある。今や世界的指揮者として崇められ誰もが認める大指揮者が自ら提唱し、この前日までPMFコンサートの芸術監督として観客を魅了していたが、そのような事情でこの日のコンサートのための練習はやむなく1時間のGPのみとして本番に臨んだ。前半はゲルギエフ氏を始め関係者の追悼の挨拶、後半はチャイコフスキー交響曲第6番「悲愴」のメロディが会場いっぱい厳かに流れた。準備不足とは思えないくらいゲルギエフの指揮者としての采配は素晴らしくあらためて感動した夜でもあった。

どうやらチェスキーナさんという方は大変な篤志家で今日までに世界の音楽界発展に大きく貢献した。ゲルギエフ、ロリン・マゼール、ヴェンゲーロフを始め多くの音楽家との親交が深かった。半端でない寄附はソリストや指揮者に留まらず、団体が主催する記念事業に対しても積極的に援助した。東響の海外公演（2度）、N響のヨーロッパやアメリカ・ツアー、大分の別府市のアルゲリッチ音楽祭、話題になったニューヨーク・フィルの北朝鮮公演などに惜しげもなく援助した。追悼コンサートにおけるプログラム誌上でゲルギエフ氏は語っている。

『2003年9月にロシア・マリインスキー劇場が大火に遭遇し、建物は無論のこと美術工房、舞台装置が跡形もなく焼失してしまった。周囲が茫然自失しているときチェスキーナさんはこのような貴重な芸術的建物は必ずや復活させねばならない。この焼跡には短期間の内に再建されるであろう、と言い切った。いうだけではなく同時に多額な寄附を行うのを見て他のスポンサーも追従しついに予算のメドも立った。待望の工事が始まるといつも小柄な洋子が工事現場に立っていた姿が今でも忘れられない。現在完成した素晴らしいホールには「チェスキーナ・永江洋子」のプレートが正面に刻まれ永遠に彼女の功績は語りつがれるであろう。』

去る6月14日同ホールでチェスキーナさんの同じくロシア版追悼コンサートが開かれロシアを代表する音楽家が大勢駆けつけ彼女との別れを悲しんだそうだ。

チェスキーナ永江洋子さんは熊本で生まれ、地元の高校から東京藝大ハープ科に進み卒業後東京交響楽団に入団したが、1960年、戦後初の公費留学生としてイタリア・

ヴェネツィア音楽院に留学した。ここからはいかにも情熱家永江さんらしいエピソードがある。

イスラエルに世界的に有名なハープの国際コンクールがあるが、これを彼女が受けたところ優勝するつもりが惜しくも4位に留まった。イタリアに戻って公園のベンチで涙ながらにしょんぼり座っていると、親切そうな老人が近寄ってきて元気のないこの日本の女性を家に招いてお茶をご馳走し慰めた。まさに運命のイタズラか、その老人こそが大富豪チェスキーナ氏その当人だったのだ！その後の詳しいことは僕には知る由もないが、最終的には結婚まで突き進んだ。当然のことながら親族一同から猛烈な反発を招いた。そうこう言っている内にチェスキーナ氏は急病死され突如未亡人になってしまった。裁判沙汰もあったが結局チェスキーナ家の財産の殆どが彼女のものとなった。一般的に突然降って湧いたような相続に戸惑いつつも、やがては人生を謳歌すると思うが、チェスキーナさんは違った。

才能ある若き音楽家が一流を目指して努力すれども財政的に行きづまり、結果消えていった天才は数知れず、彼女はせっかくの遺産をそれらの人々を救済しようと決意した。チェスキーナさんは以前東響に在籍していたこともあり何かとお世話になっていたが海外公演では特にご厚意におすがりした。２００１年創立55年を記念して企画したトルコ・イタリア公演も例外ではなかった。たまたま同年9月11日トルコのイスタンブールで地元のオーケストラと合同公演の日、アメリカ・ニューヨーク市の貿易センタービル等に飛行機が突っ込むという世界を震撼させるテロが勃発した。直後世界中の空港が閉鎖されるのではないかというニュースが入り乱れた。普段でも海外公演というと緊張するのに、この先、無事帰国出来るのかなどで不安もつのり、同行してくださっていたチェスキーナさんはそのような楽員の雰囲気を察し、これから公演を迎えるにあたりこれではいけないと思ってくださった。普段からとてもお茶目で性格の明るいチェスキーナさん、冗談をいっては周囲を笑わせたりご馳走してくださった。お蔭で緊張感も解れ、コンサートの評価も上々でこのツアーも成功裡に終了した。心配された空港も何ら問題なく無事帰国出来た。

このことも含め長い間お世話になったチェスキーナさんのお人柄と真心に感謝したい。

どうか安らかにお眠りください。

リズムの奥深さ

日本人のリズム感というのは元来2拍子とか4拍子が基本と言われている。これは音楽とは関係なく日常の生活の中に鎔け込んだものであり意識する人も少なかった。農耕民族といわれた頃の名残りであり日本の民謡は4拍子を中心にした偶数から成り立っている。これは農業、漁業で働く人達の祈りに似た心の叫びであり田植えうた、豊作、大漁節といった生活に結びついた魂の歌ともいえよう。民謡の中には貧しさから娘を売り渡し、別れの心情を綴ったのも結構ある。北陸新幹線開通で話題にのぼっている越中富山の八尾町に伝わる「越中おわら節」は表向き五穀豊穣を謡いつつ実は売られた娘と親子の情愛をお囃子のリズムにのせ胡弓で切ない気持ちを表した哀悼歌だ。古くは江戸時代に殿様やご家老を中心に武士を駕籠で運ぶ時、籠かきは左手に棒を持ってオイチニ、オイチニと2拍子のリズムを取りながら軽快に走るのを映画、テレビの時代劇で見ることが出来る。

一方ヨーロッパに目を向けると基本的には乗馬、騎馬等、馬車が中心の文化であって外国人には馬のひずみは3拍子に聴こえるのだそうだ。無論2拍子も4拍子もあるがダンスを見ても3拍子のウィンナワルツなんかに接すると納得できる。このリズムを中心に歴代ヨハン・シュトラウス一家は見事名曲として地域の大衆音楽だったに過ぎなかった音楽を世界中に広げ確固たる礎を築いた。ワルツのみに固辞せず2拍子のポルカ、マーチ等のリズムを積極的に取り入れた。その他それぞれの国を代表するいろんなリズムの民謡はその時代時代の大作曲家の作曲意欲を駆り立て数々の名曲を生んだ。

しかし不思議なことに日本における偶数の2拍子、4拍子が主流とするならば一方俳句とか和歌、短歌類はそれぞれ五・七・五の17文字や、五・七・五・七・七とか31文字であって奇数である。こんなことを下手にいいだすと俳句や和歌、短歌の先生方にお叱りを受けるかも知れないが、俳句、その他は庶民の泥臭い生活のリズムとは違って貴族が開発したものといえよう。何でも元々中国から渡ってきた漢詩に対して奈良時代に和歌が誕生し、同意語という意味で短歌を指すのだそうだ。優雅な貴族社会による万葉時代が偲ばれる。

クラシック音楽はご承知のようにリズム、メロディ、ハーモニーから成り立っている。

しかし音楽の原点はリズムにあるのではなかろうか。原始時代人間が最初に心の感動を伝えようとした最初の楽器は打楽器類ではなかったか。これは楽器と呼べる物など未だなかった時代であっても周りに有る物ならば何でも感情が赴くまま打っていたのであろう。その内に打つだけでは自分の感情を表現しきれず、やがてはメロディ、ハーモニーが生まれ音楽の完成に結びついたのではないか。日本の原点は偶数だが、明治になって政府が西洋文化を政策の一環として積極的に取り入れた。「音楽取調掛」として伊澤修二を中心として10名程度の役人をそれぞれ積極的に欧米諸国に派遣した。その後山田耕筰、近衛秀麿等を始めとして海外留学者も増え帰国後、彼らの知識の伝達によって小学唱歌や童謡にもいろんなリズムが取り入れられ、それまでなかった3拍子や8分の6拍子の曲も作曲された。

「故郷」、「朧月夜」、「赤とんぼ」、「浜辺の歌」など現在でも時代を超えて愛唱されている。

オーケストラにおけるリズムはこれまた命だ。セクションを受け持つ打楽器群の影響力は指揮者に次ぐといっても言い過ぎではない。中でもティンパニー奏者には他の楽団員から一目置かれる奏者が多い。何故ならば誰よりも全ての楽器に対して知識が豊富であり、その分威厳というか独特の近寄り難い**雰囲気**がある。しかもこの奏者はティンパニーをやらないときは原則エキストラを雇ってでも他の打楽器に触れることはない。定期演奏会でプログラムを掲載するがメンバー表において他の打楽器奏者とは同じ「行」に羅列されることはない。日頃から冗談も言わず我が道をゆくタイプながら何故か尊敬される。

オーケストラのリーダーとしてのティンパニー奏者を端的に表す曲としてブラームスの交響曲第1番を誰でもが思い起こすだろう。この曲の出だしをリードするのは指揮者ではなく明らかにティンパニーだ。オレについてこい！といっているかの如く、聴く者に迫ってくる。そのリズムにのって弦楽器が朗々とメロディを披露するなんてまさに王道を思わせる名曲中の名曲だ。

このところの波高き世相

今年も残すところ2か月弱となり、何と言っても明るいニュースとしてお二人のノーベル賞受賞者の決定だろう。心からのお祝いを申し上げたい。今朝のテレビではそれぞれ故郷で地元住民の「誉れ」として大々的に報道されていた。関係のないはずの僕だって大げさにいえば日本国民の一人として世界に向けて誇りたい気分だ。毎回式典はスウェーデンのストックホルム・コンサートホールで行われる。国王の登場を合図にロイヤル・ストックホルム・フィルハーモニー管弦楽団が奏でるファンファーレが鳴り響き、感動も頂点に達する。このように世界中が注目する授賞式において生のオーケストラを起用して式典を盛り上げる見識の高さにここまで芸術文化を大切にする国が羨ましい。

一方波高き日本の世相は今年特に日本を代表するような超一流企業の不正が目立った年でもあった。これは何も日本のみの現象ではなく文化の先進国と思われるドイツにおいても国を揺るがすような大きな不祥事があったようだが今回は日本に絞って論じたい。人間がやることだから、うっかり間違いであったというのならまだ許される部分もあるかと思うが、どの不正を見ても最初から誤魔化してやろうという魂胆が見えて許せない。不正が暴露され途端にすぐに記者会見をやって最後に社長以下全員が謝るというパターンにはもううんざりだ。日頃芸術団体は企業の皆様にはすごくお世話になっており幸いにも僕が知っている限り不正を起した会社は入っていなかったことが何より救われた。これら悪辣な会社は全体の一握りということは承知しているが、この人たちの人生観に仕事に対する「誇り」というものはないのか。最近でも東芝の数年前からの不正経理等に始まって、上げたら切りがない。しかもこのところ民間の企業や団体を管理しなくてはならないはずのお役人の世界にも不正が目立つ。何かと不安感を持たれつつスタートしたマイナンバー制度だが肝心な厚生労働省のお役人に増収賄が起きた。許せないのは準備期間を含めて担当した年月も長く、周りは全く気が付かず逮捕されても反省した様子は窺えなかったという。その他羽田空港のビジネスジェット機格納庫を巡る汚職事件で今度は国土交通省の役人の汚職、形は今や役人とは言えないかも知れないが、何処かの女性郵便局長が9億円の詐欺事件を起こした。その他、民間企業ではタイヤメーカーの大手の一つである東洋ゴム工業が２００７年に続き本年3月の不正を起した時、もう一度このようなことをやると「会社存続の危機」と指摘されながらもこの10月、3

度目をやったなんていうのは何とも情けない。東洋ゴムという会社はタイヤの売り上げが会社の売り上げの8割を占める。今回事件を起こした分野は免震ゴムという列車の振動を抑えるための装置であり、監査対象ではなく数人の社員がかかわっていて会社側は安全性とは関係ないと開き直っているとしか思えない。これだけでは治まらず、今度は安全性と直結する事件が起こった。三井不動産グループが２００６年に分譲した大型マンション4棟で基礎工事において虚偽データを基に施工したという。建物を支える杭が固い地盤に一部が届いていないことを承知の上で販売したという。その上、データはこの棟ではなくて他の棟の数値を転用し改ざんまでして誤魔化そうとしたらしい。住民説明会では28本調べた時点で固い地盤まで届いていない杭は8本もあると発表したにも関わらず安全性には何ら問題はないと会社側は説明した。普通一般人は建物を購入するとき建設会社を信用するしか方法はなく会社側のパンフレット等の情報を見て買うかどうか決めるのだ。一代決心をして30年くらいのローンを組み、一生に一度かせいぜい2度くらいの買い物を涙ぐましい努力で購入するのが愛すべき庶民だ。その血の滲むような心情を騙した罪は大きい。今後何を信じて暮らしていけばいいのか。

これらの世相と連動するのか一般社会の周辺に身の毛もよだつような事件が多いよう

に感じる。決して犯罪を擁護するわけではないが以前はお金がなければお金持ちを襲う、憎いヤツがおればそれなりに処理するなど曲がった理屈であってもそれなりに納得出来る犯罪心理みたいなものがあったように思う。しかし最近はあたかも遠藤周作の「真昼の悪魔」やカミューの「異邦人」に出てくる主人公のような善人ぶった悪魔のような人間が増えているのか。一部の企業とはいえ大企業のこのような姿勢と無関係とは思えない。

音楽団体の関係者が正義漢を装って社会の悪を追及するなんて似合わないといわれるかもしれないが、あまりに酷い相次ぐ醜聞に今回は怒りを持って抗議する。

地方オーケストラの新たな息吹きと熱き意気込み

最近地方のオーケストラは熱い！

この名セリフ、現在山形交響楽団の音楽監督である飯森範親が上梓した自書で書いている。飯森は２００４年山形交響楽団（以降山響）の常任指揮者に就任後、07年より音楽監督として推挙され不動の地位を築いた。この間山響を音楽面は無論のこと運営面も含めて根本的にイメージチェンジをした。音楽教室を中心とした活動範囲をそれまで殆ど山形県のみだったのを東北全体に広げそればかりか「山形交響楽団東京公演」と銘打って積極的にチャレンジし楽団員に留まらず市民をも納得させた。

上梓した本のタイトルは『マエストロ、それはムリですよ……』というのだが、それくらい事務局に提案しては何度も跳ねつけられながらもやり抜いた結果が今日あるということなのだろう。何故オーケストラはお客様を呼べないのか?という一大テーマに向かってチャレンジしている。とにかく山響を盛り立てるためには何でもやった。「数ある在京のオケを真似てもしょうがないよ、山形らしさをもっと前面に押し出していかないと……」と言い続けお客様の理解を深める努力を重ねた。音楽に限らず山形のことなら何でも知ろうと数ある温泉宿のおかみさんから山形の名物料理など知識を得た。ついには蔵王を中心とした観光、美味しい物、旅館のことなど地元の人など及びもつかないくらい知識も豊富となった。それを耳にした当時の知事が「観光大使」に任命した。しかも「美味しい山形、観光賛辞官」という名称まで頂戴し山形を盛り上げ山響発展に結び付けようとした。

しかしいくら飯森が頑張ってもコンサートにお客様が思うようについてこなかったならば徒労に終わる。当時の山響の定期演奏会のプログラムはきちんとした年間冊子もなく毎月のコンサートのチラシでさえ単にA3サイズを折りたたんだに過ぎなかった。このチラシを見てお客様は果たして定期会員になってくれますか?先ずチラシの改革を始めとして山響の運営を含めていくつかの大きな問題点を飯森は指摘した。その一つにマス・メディアへの挑戦だ。結果フジテレビ系『トリビアの泉』に始まりNHKテレビ『オーケストラの森』『芸術劇場』、テレビ朝日系『題名のない音楽会』その他地元山形放送『発見!人間力』指揮者・飯森範親の地方からの挑戦等など数多い。これに留まらず全国的に大ヒットした映画『おくりびと』に山響が出演したことが全国的な話題を呼びイメージチェンジアップに繋がった。

公益社団法人日本オーケストラ連盟というのがある。全国のプロのオーケストラが文化庁との折衝などオケの情報交換や互いの問題点を話し合うことを目的としている。準会員を含めて33団体が所属し在京オケ8団体、地方からの参加は準会員も含めて25団体が加盟している。無論山響は正会員として早くから活動しているが多分33団体の内県庁所在地のオケとして最も人口の少ない都市（25万人）の一つとして数えられるのではなかろうか。逆に小さいからこそ話題になるのも早いし又似たような企画では飽きられやすいという怖さがある。入会を希望する団体も多いが中にはどのような組織で活動しているのか皆目見当がつかないのもあって、会員になって頂くにはちょっと躊躇せざるを得ない団体はご遠慮願っている。北は札幌交響楽団から南は九州交響楽団に至る中で山響のように打てば響くようなオケばかりではないと思うが、逆に迸るエネルギーを感じさせるオケに共通して言えることは指揮者に限らず常識では考えられない情熱の持ち主がいることだ。

例えば広島交響楽団（以後広響）の金田幸三理事長だ。この人も一緒にいても情熱が迸るような人だ。元々地元の電力会社の役員をやっていらっしゃった方で広響の理事長として７年前就任された。当時より音楽監督として音楽面を支えていた秋山和慶氏と共に広響のことになると我が息子の如く思われるのか、周りから見ていてもその愛情が眩しい。先日も戦後70年、被爆都市のオーケストラとして世界へ力強く平和のメッセージを行いマルタ・アルゲリッチと広響は協演して広島公演だけではなく東京のサントリーホールでも同プログラムで披露し特別ご来賓として天皇・皇后のご臨席を仰ぎ注目を浴びた。

　このように在京オーケストラにとっても地方オーケストラのやる気を新たに感じることで今までにない刺激を受け、オーケストラ界全体に与える影響も大きく、最終的に日本全体の文化芸術を発展させる支えに繋がるのではないか。

ツィゴイネルワイゼン・ヴァイオリンコンクール
―宗次德二氏の熱き情熱―

先日、珍しいコンクールの審査員の一人として貴重な経験をした。名称も「第1回宗次ホール・ツィゴイネルワイゼン・ヴァイオリンコンクール」という。場所は名古屋市中心街の栄にある宗次ホールだ。ツィゴイネルワイゼンというとヴァイオリンの代名詞みたいな名曲ながら、難曲としても有名だ。この曲が弾ければ一人前と見られた時代もあったが今や素人でも平気で弾く。しかし名演は稀だ。何しろ予選も含めこの曲のみで腕を競わせるコンクールだから恐らく世界でも他に類をみないのではなかろうか。審査員も僕以外そうそうたる顔ぶれだ。審査委員長に東響のコンサート・ミストレス、東京音楽大学教授でソリストの大谷康子さん、続いて東京藝術大学教授清水高師さん、ヴァイオリニスト中澤きみ子さん、それにツィゴイネルワイゼンということで本場ハンガリーから特別に招聘した7代目ジプシーヴァイオリン奏者という巨匠ロビー・ラカトシュさん、それに僕の計5人の審査で始まった。応募者多数ということで事前にテープ審査を行い、本選に残ったのは10人だった。12歳から一番年長でも25歳という俊英が揃い、結果は現在の日本の弦楽器のレベルの高さを彷彿とさせた。誰が一位になっても納得できる質の高いコンクールになった。このコンクールは宗次ホールのオーナーである宗次德二さんの名曲に対する「こだわり」から実現した。宗次さんは知る人ぞ知る日本音楽界にとっての大恩人であり、心温まる援助を受けて大成した音楽家は数多い。

驚くなかれ宗次さんは両親も分からぬ天涯孤児として石川県で生まれた。あちこち転々としていたが3歳の時、兵庫県尼崎市の養護施設で「宗次」と名乗る養父母が現れ養子縁組が成り立ち正式に宗次姓を名乗った。当初は幸せだったがその内養父の度重なるギャンブル狂いで家庭が崩壊し、ついには極貧生活を余儀なくせざるを得なくなった。しかし宗次さんはいかなる逆境にも挫けることなく苦学の末、社会人となってからも粘り強さと誰からも好かれる人柄から徐々に本領を発揮し、いろいろ失敗しつつもカレー専門店を成功させついには世界一の店数を誇るまでに成長させた。

〔お客様、笑顔で迎え、心で拍手〕を社訓とし従業員に徹底させた。更に真似の出来ないのはこれ程苦労した結果、どうにか成功者として認められ順調に発展している最中、

53歳になった途端現役から退いて経営権を他人に譲ってしまった。その後は大好きな音楽界のために尽くすことを最大の生き甲斐とした。このような境遇で育ったにもかかわらず性格はとても明るく爽やかで、威張る雰囲気はさらさらない方だが、ただ物事の判断と決断は早くて厳しい。音楽界に対しての貢献といっても半端ではなく名古屋でのホール建設を皮きりに、ストラディバリウスや世界の名器10数台を買い揃え、前途有望な若者に貸与し成長を見守っている。その他恵まれない音楽家のために「NPO法人イエロー・エンジェル」を創設し、毎月援助金を支給する制度を制定し運良く選ばれた優秀ながら経済的に苦しい若者は国際音楽コンクールへの挑戦や留学の費用の一部に充てている。しかしこのように寛大な宗次さんだが、実生活はあくまで質素で社会に対する感謝の気持ちも大きくて、ボランティアにいそしむ一面もある。例えばどんなに遅く帰宅しても毎朝3時55分に起床し、4時半頃から自宅やホールの周辺を掃除したり花を植えたりを勤しむ。このように音楽界に大きな貢献をなさっている宗次さんは当然のことながらあちこちから会長なり顧問、その他団体を代表するような肩書きの要請や表彰しようという動きがあっても一切そのようなことは受けないし嫌う。なぜならば引き受けてしまうと自分のペースでもの事が運べないとおっしゃる。まったく見栄とか名誉とか

には無頓着という珍しいお方だ

今回のツィゴイネルワイゼン・ヴァイオリンコンクールを始めた動機を宗次さん曰く「誰でも一度は耳にしたことがあるはずのツィゴイネルワイゼンのような名曲を通してクラシック音楽の素晴らしさを理解していただき少しでもファンを大切にすることに繋がればこんなに嬉しいことはない」とプログラムの巻頭でおっしゃっている。我々も及ばずながら日頃からファンをいかに育てるか、又、文化芸術予算増額を鑑み文化庁、財務省等、あちこち陳情したりしているが、このお言葉にヒントが隠されているのかもしれない。

やはり宗次さんのように出生が極端に不幸ながら苦労の末成功し**桁外れの財力と音楽に対する熱き情熱**をお持ちの理解者を見つけない限り、いつまでも同じことの繰り返しではないかとしみじみ考えさせられる今日この頃だ。

後期高齢者になって思うこと

最初から自らのことで恐縮だが僕も昨年後期高齢者のオナカマ入りを果たした。これは喜ばしいことなのか焦りを感じる年になったのか良く分からない。

現在平均寿命は男性80歳、女性86歳くらいといわれている。人生50年、60年といわれた時代はそれ程遠い昔話とも思えないが隔世の感がある。実際100歳を超えるお年寄りは全国で6万人を超え、その内女性が占める割合は87％という恐ろしくも？華やかな時代を迎えている。今までだったら100歳になったらお祝いに市長さんが自宅まで駆けつけ、賞状と金杯を授け、そのことが大きく地元の新聞に取り上げられた。しかしこれほど多くなっても市長さんは今でも訪ねてくださるのか？何でも最近は人数が多過ぎて**金杯が銀**になったらしい。その内に**銅**かステンレスになり、ついには誰もが注目せず表彰されるなんて有り得なくなるやもしれぬ。癌が克服されると120歳くらいまで生きる高齢者が続出し90歳前後の息子や娘が面倒見なければいけなくなる。少子化が問題になっている今日、日本社会はそれを支えきれるのか？基本的にはめでたい話なのだが……。

世界的傾向らしいが少子化の時代と無関係ではないと思うがコンサートでも若い世代は少なくなり、平均的に7～8割が60歳、70歳以上のお客様によって支えられているといわれて久しい。もはや高齢者を無視してコンサートは成り立たない時代を迎えていることになる。若い世代に対してどうやって会場に足を運んでもらうか将来の大きな課題だ。

先日僕は面白い体験をした。26歳の時に取得した自動車の免許証の書き換えが後期高齢者となった直後にやってきた。警察で書き換えの前に自動車教習所で事前に講習を受けなくてはならないといわれ仕事の合間に行ってきた。運転実技は少し運転が乱暴だね～とお説教を頂いたが、講習が始まり暫くすると試験官が幼児に見せるようないろんな絵を見せて答えさせられた。猿、ライオン、りんご等など大声で答えさせられ何のためなのか意味が分からず屈辱感でいっぱいだった。講習は次に移り20分くらいそれとはまったく別なテストや話しをしていたが、20分くらい経過した頃、突如「ところで先程16枚の絵をお見せしたが、それを覚えている限り書いてください」といわれ、これが意外に手強かった。思い出すままに何とか僕は12書けた。後からいわれたことだが実はこのテストこそ本日の講習の大きな目的でありアルツハイマーの進行状況がこの方法で一番分かるそうだ。実際症状によっては1つか2つしか応えられない受講者に対して免許証返上を要請したり、それを拒絶されると医者の診断を受けてもらい運転不摘者として警察が認定する。確か本年6月から一段と厳しくなるらしい。

高齢者が最近車を運転して認知症と思われる死傷事故が多発している。高速道路を逆に走ったり、確か宮崎市で歩道か車道だか分からないで走り、結果通行人を死傷させたり、ブレーキとアクセルを踏み間違えてコンビニに突っ込んだりとかの事故が報道されている。

これらを少しでも減らそうという試みからこのようなテストを考えたようだ。後期高齢者になっても自分では内心まだまだと若者ぶっていても事故が起きてからでは遅い。そういう僕だって当分返上の気持ちはないけど……。

運転免許とは無関係ながら、現代社会と無縁ではないという現象が現実に起きている。僕ら子供の頃は家族というのは爺さん、婆さんがいて子供夫婦に孫が3～4人で冬なら炬燵を囲みご飯、お菓子等食べたりお茶を飲みながら互いに今日あった出来事をおしゃべりし合うことで気持ちが通じた。最近は核家族とかで家族はバラバラに住み夫婦は共稼ぎも多く超多忙だ。このようなことも重なり、人間的にギスギスした人々が続出し心情的にいつもヒステリー状況にある人が多くなっているような気がする。先日発表された文部科学省の白書には小、中、高を合わせていじめに遭う子供は18万人いると発表され驚かされた。昨今のメディア情報を見ていると家族同士気持ちの通わせ方が希薄になり親と子、お爺ちゃんと孫が絡む悲惨な事件も珍しくはない。学校で早期英語教育も大切だが、もっと人間生きていくには何が大切かということを低学年から根本的に教えなくてはならないのではないか。昨今の社会情況を見ても何を信じて生きていくべきか。騙し騙され収益のみ追及してきた戦後教育の一端が現れているのではなかろうか。先日国会が始まるに当たり内閣総理大臣の施政方針演説は経済が中心で少なくとも「文化芸術」というセリフは一言もなかった。無論経済、外交、社会保障などは国の根源的なことは一番大切に決まっている。だが手前味噌ではなく日本の将来が心豊かな本物の社会構築を目指すならば文化芸術が絶対大切と思う。テロが頻発し世界中がややこしくなっている今こそ、いかなる文化立国を目指すのか確固たるポリシーを持たない限り、より殺風景で悲惨な世の中に繋がりかねない。

お客様、それぞれのタイプ

以前にも触れたことがあるが毎年、年が明けると間もなく「都民芸術フェスティバル」（以後都フェス）が1月～3月と約3か月にわたり開催される。この一大事業は48年前、当時都知事だった故美濃部亮吉氏の提唱で始まり年々活動の範囲が広まり今や都民にとって文化のオアシスとでもいえるのではあるまいか。都フェスのように文化的出し物で48年もの長い間続いているものは他に何があるのだろうか。ジャンルも多種多様で音楽では都内のオーケストラ8団体、室内楽も声楽を入れて3回、オペラ公演3団体、その他コンサートに限らず現代演劇、バレエ公演、現代舞踊、邦楽、日本舞踊、能楽、民俗芸能、寄席芸能とそれぞれ数回ずつ開催と多岐にわたっている。

それも出し物によっては東京都心とは限らず江戸川、町田、くにたち、羽村、日野、多摩、瑞穂、と幅広い地域で行っている。どの分野も一流の芸術家ばかりで普段とてもこの低料金で接することが不可能でお客様にとって幸せ冥利に尽きるといえよう。

舛添要一都知事（当時）は都フェスのプログラムの巻頭で「２０２０年東京オリンピッ

ク・パラリンピックが開催されるが、これはスポーツの祭典と同時に文化の祭典でもありこれを契機として東京都の文化的ポテンシャルをその時までもっと、もっと広げていきたい」と明言なさっている。

長い間演連の常任理事のお一人で、現役の頃はバリトン歌手として鳴らし一世を風靡し、現在、東京音大名誉教授の栗林義信さんという方がいらっしゃる。この方は都フェスの大ファンでコンサートの殆どを聴きにきてくださる。先日面白いことをおっしゃっていた。このシリーズは無論演奏レベルが何より肝心だが、もう一つの楽しみは部門によってお客様の性格というか拍手の違いが感じられ、これが一層興味をそそられるという。例えばオーケストラ（以降オケ）はお客様によっては贔屓があるらしく理屈を捏ねるファンが結構多い。オケ同士はそれ程意識していないと思うが一般のお客様にとって、これだけ短期間に都内の８つのオケが一か所でやるなんてめったになくコンクールでもやっているように感じるらしい。今日のオケは弦の響きがいまいちだなぁ～とか、先日はトランペットセクションが素晴らしかった等など結構音楽評論家並に口煩い。しかしお客様のお蔭でこのシリーズの人気は抜群で２０００人収容の大ホール（東京芸術劇場）に平均入場者数は85％を超える。中には売り出したとたんに満員札止めなんていうオケもあっていつも会場はブラボー！が、賑々しく飛び交い存在感が大きい。一方室内楽のお客様は会場が小ホール（東京文化会館）ということもあり基本的には地味で静かな雰囲気だ。学者肌とでもいうか演奏曲目が最後を迎えてもオケのように決してアンコールを要求するような拍手はしない。品があってある意味冷静な判断をされるが本当は全てを理解しているコワイお客様が多いようだ。

オペラ公演は総合芸術だからスケールが大きく華やかで周囲を圧倒する。物語の内容も宗教、恋、失恋、恨み、妬み、友情、裏切り、自殺、そして殺人、この世に起こりうることなら何でも題材にするのだから凄い。これらを音楽として長大な作品に仕上げ世に問うことは天才の成せる技といってしまえばそれまでだが、何度観て聴いても観客は引き込まれる。作曲してから何十年経過しようとその間、本人もこの世にいなくなり時代や、国の状勢が変わっても評価には何ら影響はない。だが指揮者、歌い手、演出者、によって曲も筋書も同じなのに音楽のイメージというか解釈が全く変わるから奥深くて興味が尽きない。

3月10日開演を予定されている「日本の歌シリーズ」は「日本人の愛のかたち」と銘うち題名からしてオケとは違った艶やかさを感じさせる企画だ。

これを担当したのが伴奏音楽、特に一流歌手から引張り凧の第一人者である河原忠之氏だ。人気ピアニストであると同時に最近は新国オペラ研修所の音楽主任講師としてユニークな演出を手掛けて話題を呼んでいる。見識の高いセンスとその手腕に期待したい。

都フェスではないが演連が毎年やっている演連コンサートは全国6地区でそれぞれオーディションを行っている。いつも感じるのは歌以外の応募者の殆どは基本的には服装の色合いも黒が基調で地味な人が多いが、これが声楽になると、まったく雰囲気が違う。聴いているのは我々審査員の数人しかいないのに恰も満員の大会場で歌うかのように豪華な衣装を身につけて上手い下手はともかくとして熱唱する。何を着てみたところで評価には何ら影響ないのだが、オーディションとはいえ華やかな舞台衣装で歌うことによって原曲の当事者になり切り、本番さながらの緊張感を持続しようとする**証**なのかもしれない。

前述の栗林さんではないが、出し物によって**お客様、それぞれのタイプ**の違いも楽しみつつ、都フェスが今後ともますます発展し続けることを願わずにはおれない。

或るピアニストのこだわり

一世を風靡し偉大なピアニストであり名伯楽としてでも名を馳せた田村宏さんが亡くなられて今年で早くも5年の歳月が経過するという。先日お弟子さん達が中心となって心温まるメモリアル・コンサートがしめやかな雰囲気の中にも華やかに開催された。今や日本を代表するピアニストの多くを育てられたということに、一体どのようなこだわりでお弟子さんを教えたのか興味をいだいた。元々僕自身音楽家として尊敬はしていたが田村さんとは専門も違うこともあり殆ど接点はなかった。唯一あるとすれば僕が東響楽団長時代に演連の常任理事を兼任していて、たまたま田村さんも同じ立場にいらっしゃって月一度あった常任理事会の会議で同席させて頂いたのが最初の切掛けだった。今でも印象に残っているのは、とにかく口は悪いが純粋で、たいした実力もないのに見栄を張る人が大嫌いで名前がそれなりに通っている音楽家でも会議の席上、たまたまその人の名が出るとボロクソにいうのが常だった。僕もどちらかというとある意味、自分が思ったことを正直にいうタイプだったとはいえ、すごく気が合ったつもりになってその時話に出た音楽家の悪口をいい合い笑いを噛み締めるのに苦労したことを猛省している。しかしかなり前になるが田村さんのリサイタルを聴いてすごく感激したことがある。中でもモーツァルトのピアノソナタがまさに珠玉ともいえる音色が会場に漂い、ただ、ただ感動だった。このことは終生変わらなかったという。

田村さんの愛弟子でピアニストの小山実稚恵さんは田村さんが亡くなられた時、この機関紙「えんれん」に追悼文を寄稿してくださった。それによると、とにかく厳格で怖い先生だったそうだ。何回やっても出来ないと「僕は血圧を上げながらレッスンをやっているというのにどうしてわからないのだ！」と怒鳴られ、腕を掴まれ揺すられた。今の時代だったらセクハラかパワハラ問題に発展したかもわからないくらい凄いレッスンだった。しかしどんなにケチョン・ケチョンに怒られても何とか弟子たちの才能を伸ばしてやろうという気迫魂みたいなものが伝わり必死についていった。

田村さんが特にこだわったのは「脱力」だった。単に脱力といっても力を抜くのではなく力から脱することにある。そのためにせっかくレッスンに行っても最初の一小節のみを何度も何度も弾かされ、時にはピアノの前に立たされて両手をブラン、ブランさせられ、違う！違う！と叱られた挙句、鍵盤には触れさせえてもらえず、これで今日はお終い！なんてザラだったそうだ。レッスン代はどうなったか知らないが……。

脱力はスポーツの世界でもよく耳にする。一見易しそうに感じても最終的には僕もそうだが何の事か理解できない。まさに鈍才にとって永遠（とわ）のテーマではなかろうか。アスリートの中にはオリンピックで金メダル確実といわれていた選手が結果は惨敗！なんて過去に何度もあった。これなぞはまさにいざ本番という時に緊張の余り「脱力」ではなくて入力過ぎたのかもしれない。ピアニストの多くは一生に一度や二度手首や肘を痛めるというが小山さんは長年超多忙なソリスト活動を熟しているが、今日まで痛めたことはないというのも「脱力」の神髄を鍛えてくださった先生のお蔭という。もし田村さんがプロ野球で肘の故障で泣かされているピッチャーに脱力を伝えるチャンスがあったなら歴史も変わっていたかも〜？

ひょっとして教える側も教わる方も仏教の修行でいう1000日荒行の最中、最も苦しい時迷った末、仏の御心に縋り、解脱（げだつ）への道を知ることと相通じるのかもしれない。

最近感じることだがピアニストに限らずテクニックも完璧に近くてコンクール等に上位入賞し俗に言う達者で上手い若手音楽家は度々誕生している。だがこの中に真底葛藤を覚える演奏に出会うことが最近少なくなっているような気がしてならない。

キミタチ「脱力」って教わったことある?

こんなに怖い先生だが面白いことに一面とても照れ屋さんだった。小山さんの結婚式の披露宴で祝辞を述べられたが、昔、怒鳴り過ぎて血圧を上げながらレッスンをしたなんてお忘れなのか独特のオトボケなのか「僕は彼女には何も教えていません!」小山さん、目を白黒、駆けつけた他の弟子タチも全員ズッコケ……。

名器ストラディヴァリウス

上手い下手はともかく自称ヴァイオリニストも含めて一度でもいいからストラディヴァリウスなるもの（以降ストラディ）を弾いてみたいものと夢に描く。無理して買おうにも何億円、場合によっては10億円前後もするのだから少々の金持ちでも手が出ない。例え相当な財産家でかなり音楽に理解ある御仁でも、いざ購入するとなると躊躇するであろう。

よって購入する金はないが音楽性に優れ情熱もあり、いずれ世界に羽ばたこうとする才能ある弦楽器奏者はせめて楽器を貸してくださる所を必死に探す。幸いこのような超高価な名器を1挺や2挺ではなくストラディを18挺、グァリネリ・デルジェスを2挺所有しているというとてつもない財団があるのだ。その名を日本音楽財団という。

この団体を支えている親財団は「世界は一家、人間皆兄弟」を格言としている広い意味での国際的支援団体、日本財団だ。モーターボート競走の収益金を主なる財源とし、活動範囲はパラリンピック支援、障害者の地域生活支援など、多くの事業に対して援助を行っている。今度の地震で被災した熊本、大分の被災者に93億円規模の援助を行い、その内傷みが激しい熊本城にいち早く30億円の支援を決定したと4月20日の朝刊が報道していた。

当初この財団の現会長、笹川陽平氏は長い間あちこちに援助をしているが芸術面に余り縁がないことを気にしていた。援助するとしてどのようなことが一番必要なのか何人かの芸術理解者に話を聞く機会を持った。中でも弦楽器奏者は、どんなに技術があってもそれを支える並はずれた楽器がないと世界では太刀打ちできないが個人ではあまりに高価で手が出ないという意見が大勢を占めた。笹川理事長は何としても世界の音楽界発展のためにストラディ・クラスの楽器が何台も必要と認識し日本音楽財団設立を思い立った。そのためには組織のトップをどうするか強力なセンスと能力の持ち主が必要である。たまたま笹川会長の厳父で日本財団の立役者だった笹川良一氏という大変な功労者がいらっしゃったが、その秘書兼通訳、塩見和子さんという才女の存在を思いついた。結果としてまさに適任者だったことが今日の財団発展を見ても明らかだ。塩見氏は日本で最初の同時通訳者といわれる程、英語が堪能でしかも全ての学識に富み人間的にも素晴らしい人格者だ。迷うことなく思い切って音楽財団の理事長に塩見氏を抜擢した。何しろ1台何億円もするというとてつもない弦楽器を何台も購入し、それを基に管理、運営するには並みの能力では無理である。元来日本は「文化大国」と主張するならばそれに恥じない政策を行うべきで先進国の一つとして肩身が狭かった。このような状況下で音楽財団が国に代わって購入してくれたことで音楽界は救われた。しかも楽器を貸与する候補者を日本人に絞らず国籍関係なく前述のモットーを徹底し、しかも無償で貸すことと した。集めた名器を誰に貸すかという決定は楽器貸与委員会が行うが、この委員の顔ぶれも国籍を問わず8名で構成されている。初代委員長に今は亡き名指揮者ロリン・マゼールを起用した。後任に現在はサイモン・ラトルが就任している。これくらいの楽器になると世界的文化遺産にも匹敵するのでメンテナンスも大切だ。そのために保険も兼ねて年間5000万円前後財団が負担している。貸与者には3か月に一度財団が指定した楽器商でのチェックを義務づけているそうだ。その他大きな貢献の一つに1997年よりベルギー・エリザベート王妃国際音楽コンクール・ヴァイオリン部門覇者に副賞として1708年製「ハギンス」を次のコンクールまで貸与しこれによって優勝者はより刺激を受け新たな目標を目指すことで、一層のレベルアップに繋がっている。

日本音楽財団設立以前にこれらの名器を使用していた世界的弦楽器奏者も数多い。中でもチェロではピアティゴルスキー、ヤーノシュ・シュタルケル、ヴァイオリンは20世紀最高の巨匠ヤッシャ・ハイフェッツが愛用していた1714年製ドルフィンだ。実はハイフェッツがこの楽器を使用していたと思われる時期、日本で最後のリサイタルを開いたが僕は幸運にも昭和28年、名古屋市公会堂で聴いているのだ。確かハイフェッツは何度か日本に来ているがこの時が最後の来日だった。話のレベルが低くなって恐縮ながら当時富山に住んでいた僕——中学2年の紅顔の美少年？のワルガキが親父に連れられてハイフェッツを聴きに富山から高山線のＳＬに乗って飛騨川沿いをトコトコ名古屋まで来てしまった。よせばいいのにリサイタルを聴いて感動の余りつい口走った。「オレもハイフェッツみたいなヴァイオリニストになるぞ〜！」とリアルな猛言をしてしまった。その後あの意気込みは何処へ行ってその結果どうなったの……？

話のレベルを元に戻すと過去現在を問わず今日までこれら名器の貸与を許された主な日本人弦楽器奏者は五嶋みどり、五嶋龍、諏訪内晶子、樫本大進、庄司紗矢香、チェロでは石坂団十郎等、その他錚々たる名手が列記されている。

借りれなくてよかった……。

満82歳、人生新たなるチャレンジ

去る8月31日16時に田邊稔さんがサントリーホール・ブルーローズでリサイタルを開催した。この月日、平日なのに時間まで拘ったのは1934年8月31日16時の生れだからだ。銘打って「田邊稔バースデーコンサート」とした。丁度82歳になったその日をリサイタル日と選んだというより新たな「チャレンジ」の日といった方が相応しい。田邊さんといってもご存じない方のために簡単に紹介しよう。田邊さんは本年創立60周年を迎えている日本フィルハーモニー交響楽団（以降日本フィル）の本当の意味での育ての親といっても過言ではない。元々日本フィルは1956（昭和31）年、日本に最初の民放のテレビ局がスタートし、その局の専属オーケストラとして誕生した。民放初めてということで当初注目され有名指揮者等も招き話題を呼んだ。しかし、この局に限らず所詮オーケストラを本当の意味で愛し育てようとしない当時の企業の目から見て放送しても視聴率も上がらず、たんに金食い虫に過ぎずと映っていたのであろう。1964（昭和39）年3月、東京オリンピックが開催される直前に日本全体がお祭り気分で浮かれていた。そんな華やいだ時に日本フィルとは別のテレビ局が同じく1956年から専属契約を結んでいた東京交響楽団（以降東響）との契約を打ち切るという暴挙に出た。理由は予想外の赤字が嵩むということだった。追い詰められた創立楽団長が荒川放水路に入水し大きな社会問題として新聞等を賑わした。このことがどの程度その後の日本フィルに影響を及ぼしたかは不明ながら、1972年6月に日本フィルはテレビ局の経営者側から解散を宣告された。見放された楽員は混乱し、ついには内部で意見が対立し、考え方が違うもう一つのオーケストラが新たに生まれた。同年7月1日新日本フィルハーモニー交響楽団の誕生だ。

話は少し戻るが僕がヴァイオリン奏者として東響を目指したのが1963年、田邊さんもたまたま同じ日に東響にコントラバス奏者として応募していた。その時は互いに知る由もなかったが15人くらいの応募者の内、受かったのが田邊さんと僕の2人のみだった。しかしそれから約半年後東響は前述の如く悲劇のどん底に突き落とされ実力ある楽員は他のオーケストラから引き抜かれ楽団はボロボロになった。優秀だった田邊さんも日本フィルからお呼びがかかり移籍していった。その後まさか田邊、金山の両人がそれぞれオーケストラの責任者になりライバルとして互いに「しのぎを削る」間柄になるとは本人たちは元より誰も想像もしなかったであろう。運命のイタズラとでもいえようか。

田邉さんはその後１９８１年、楽団責任者として推挙され、同年9月の定期演奏会を最後に惜しまれつつ演奏家としての活動を停止せざるを得ない状況となった。

日本フィルの解散は東響と違ってテレビ会社が自ら設立したオーケストラ経営を一方的に放棄したということは責任大であると残留組は追及し裁判に訴え赤旗を立てて事務所に立てこもり抵抗した。然し１９８４年東京地裁は双方に和解を勧告し12年に及ぶ争議が終結した。この時の和解金がどの程度再建に役だったのであろうか。

一方東響は財団解散後楽員管理のオーケストラということで全て自分達の責任の元で解決しようと新たに代表を立てたが、それから12年、辛酸の苦労を舐め続けた。結局再び運営が行き詰まり、やむなくそれまでの代表を解任し、直ちに臨時楽団員総会を開き今後の在り方について激論を取り交わした。その結果僕が代表（当初は代行）ということになった。

１９７６年、36歳の若造だった。それまで、ヴァイオリン弾き一筋で本人は経営的センスも自信もなかったが周囲の支えもあって何とか楽団再興に必死に取り組んだ。あちこちがむしゃらに奔走の末、大手の外食産業から年間億単位の資金援助が約束され楽団は立ち直った。一方田邊さんのスポンサー探しは僕と違った形で飛翔した。僕の場合結果として最終的に殆ど外食会社一社に縋ったが田邊さんは地道ながら年間一口36万円のスポンサーを２４０社以上集め、苦労しながらも順調に実績を残した。

話をリサイタルに戻そう。どうやら練習し過ぎで当日両腕や首の周辺が腫れあがり湿布薬を塗り捲って演奏したそうだ。それは努力というより音楽に対する執念とでもいえるのではないだろうか。それと聴きにきてくださったお客様や発起人を見てもその多面性に驚く。大蔵省元事務次官、元日銀総裁、元大手銀行の頭取等々その他多くの財界の方々を含め駆けつけてくださった。恐らくこれらの人脈のルーツは日毎企業を駈けずり回った中で生まれた奇縁であろう。世界的大家でもあるまいし、一度現役を引退し16年前小さなソロ・コンサートをやったとはいえ実質35年のブランクをものともせず82歳という高齢にも拘わらずサントリーホールでリサイタルを行った。しかも比較的地味とも思われるコントラバスをこの歳で操るなんて恐らく世界的にも稀なのではないか。

まさに人生への新たなチャレンジであり感動以外何物でもない。

サントリーホール創立30周年が意味するもの

去る10月2日サントリーホール30周年を記念して行われたガラ・コンサートにお招き戴き満喫してきた。

毎年このシリーズは正装コンサートと銘うっており男性はタキシード、女性は夜会服かそれに適う服装、今年は特に30周年ということでお客様の雰囲気がより盛り上がった。コンサートのゲストも超豪華で先ず指揮者に１９３６年生まれで今年80歳のズービン・メータ氏、メータより一歳年上ながら、このところ健康状態が心配されていたが予想以上にお元気な小澤征爾さん、オーケストラは１８４２年創立の名門ウィーン・フィル。サントリーホールがオープンするかなり以前から日本では人気・実力ともお馴染みのオーケストラで最初の来日は１９５６年大作曲家P・ヒンデミット指揮で初来日して以来今回が33回目になるそうだ。ソリストもソプラノ、ヘレン・ライス、ヴァイオリン、アンネ＝ゾフィー・ムターと役者が揃った。16時に始まり終わったのが19時20分とコンサートにしては長丁場だったが、ウイーン・フィルやゲストの演奏に魅了され、アッという間に時間が経過し爽やかに終演を迎えた。中でもムターのヴァイオリンには度肝を抜かれた。クライスラーのウイーン奇想曲は無論テクニックは完璧でその上、時空を超えた妖艶さと今までこの曲を聴いてここまで唸らせてくれたヴァイオリニストはいない。

思えば30年前サントリーホールがオープニングの式典の当日（1986年10月12日）、この日のオーケストラであるN響によるお祝いの曲としてベートーヴェンの「第九」が演奏されたが、コンサートが始まる直前にこのホール設立の切掛けの立役者、佐治敬三氏がパイプ・オルガンの前に立ち「A音」を鳴らすとN響はおもむろにチューニングを開始した。本当の意味でこの「ラ音」は正式なこのホールでの最初の響きだった。数日後、お祝いの記念演奏会にはヘルベルト・フォン・カラヤン指揮ベルリン・フィルがやる予定だったがカラヤンが体調不良で来日不能となり代わって小澤征爾さんが出演し満場のお客様を沸かせた。この日以来、日本のクラシック界にある意味、革命が起きた。関西にも大阪市北区大淀に大阪朝日放送（当時）がパイプ・オルガン付の大ホールを完成したが1700人を少し超えるくらいのホールだった。サントリーホールは2000人ちょっと、何も大きさのみをとやかくいうわけではないが、やがて音響など最高のホールと自他ともに認めるホールに育った。完成する前にベルリン・フィルの本拠地であるベルリン・フィルハーモニーホールの機能を研究し、まだお元気だったカラヤンのアドバイスも受けたらしい。現在ホール内部の入り口の正面にA音を鳴らされた時の佐治会長の白黒写真とカラヤンのお祝いのレリーフがサイン付で飾ってある。完成当初はそれまでのホールとはまったく響きが違ったこともあり多少戸惑いもあったらしいが外国から芸術家が来日する毎に評判が素晴らしく次第に今日の評価に繋がった。お客様からも大きく興味を持たれ連日満員の盛況を招いている。

サントリーホールの素晴らしいところはホールの響き、雰囲気は無論のこと何と言っても他のホールの追従を許さない企画力の凄さが挙げられよう。毎年ウィーン・フィルかベルリン・フィルを始めとし、その他オーケストラに限らず超一流のアーチストを招聘し数々の自主企画のレベルの高さには驚嘆する。在京のオーケストラの大部分はこのホールで定期演奏会を催し、地方オーケストラにとっても最低年1度このホールで演奏することが憧れであり大きな励みになっていると聞く。

民間企業でありながら一企業がこれ程クラシック界のために、骨味を惜しまず、30年にわたりホールを維持し企画し発展させるには巨額の費用が必要だ。当然これには親会社である某株式会社の全面的な支えがあって成り立つのだ。聞くところによると、この会社のポリシーは創業者・鳥井信治郎氏が打ち出した「利益三分主義」が基本にあり、社会貢献と創立以来「やってみなはれ」精神が未だ全社員に行き渡っている証ではなかろうか。ホールの成果ばかりではなく音楽界全体に勇気と希望を与え、例えばサントリーホールが選んだ団体、個人に対する音楽賞の賞金額だけを比較してもどの賞も太刀打ちできない。イベントも半端ではないため主催事業はそれぞれ公益法人を設立して事業を分けている。例えばサントリーホールの運営や、サントリー音楽賞、サントリー美術館、毎年8月末に行っているサントリー・サマーフェスティバルはサントリー芸術財団、その他全国に埋もれている文化を掘り起こし注目されているサントリー地域文化賞というのもあるが、こちらはサントリー文化財団が担当しオーバーではなくて日本の芸術文化のリーダーとして君臨している。

このようにサントリーホールが設立されてから30年、我が国の芸術文化を発展させた功績はずば抜けており、知れば知るほど僭越ながらせめてこのホールに国は文化勲章を授けられないものか。

二度目の感謝

金山　茂人

6年くらい前と思うが日本演奏連盟（演連）の澤事務局長から「金山さん、毎月会員の方たちに読んでもらっている機関紙「えんれん」をもう少し変化を持たせるために何か執筆してみてはどうですか」と問われてあまり深くも考えず引き受けてしまった。塵も積もれば何とやらで、それから今月書いているうちに70回数えるに至った。

「芸術現代社」という出版会社に音楽現代というクラシック専門の雑誌がある。この雑誌は長年クラシック界発展のために大きく貢献してきたが、事実、数ある音楽団体の殆どが購入して音楽情報を取り入れて参考にしているのではなかろうか。ここに大坪盛さんという社長兼編集長がいらっしゃる。演連が昔からお世話になっている関係もあるが、私とは同郷（富山県）ということもあり、親しくお付き合いをさせて戴いている。だからといって売り込んだ分けでもないのだが、大坪社長が先日「あの「えんれん」機関紙に毎月出している《専務理事の独りごと》ですが本にされませんか？」と問われて驚いた。

考えて見ると今から10年くらい前になるかと思うが、私の拙本が最初に出版された時も元を質せば所沢にあるミューズという会場のインフォマートという機関誌に毎回執筆していたのを雑誌社の社員の目に留ったのがそもそもの切掛けだった。その後話がトントン拍子に進んで上梓までいったのも当初まったく私自身思いもよらない出来事だった。

こんな素人の中でも、ど素人が書いた拙文を毎月読んでくださるだけでも感激しているのに、その上今流行りの自費出版でもなく音楽現代という一流の雑誌に目をかけて戴いたことは何より名誉なことだ。まさに二度目の感謝だ。

一つ心配なのはこれ程毎日激変している世の中で6年も経過すると社会全体が現在とはかなり隔たりが出てきている部分もあるのではないかと思うのだがそんな時は読者の方々にお詫びしたい。

大坪社長を始めとして、出版にあたりいろいろご苦労をおかけした音楽現代の編集に係ってくださった方々に、この誌上をお借りして心から感謝申し上げたい。

金山茂人のプロフィール

昭和 15 年（1940 年）2 月 20 日、富山県、立山村で風光明媚な景色ながら当時何となく世相が、きな臭く感じられたであろう時期に僕は誕生した。次の年に太平洋戦争が勃発し昭和 20 年 8 月 15 日終戦まで日本は過酷な歴史を刻んだ。僕は 5 歳だった。10 歳の頃、村でも評判の末っ子の悪ガキを心配した親父が情操教育の一環と思ったのか好きだったヴァイオリンを自ら先生となって僕を無理やり指導した。なんと半年でベートーヴェンのスプリング・ソナタを弾いて「立山村に天才少年現る」と囃し立てられた。中学 2 年になって金沢に本格的なヴァイオリンの先生がいらっしゃると聞き、お宅に伺った。無論先生の前で弾いたのは天才の誉れが高かったスプリング･ソナタ。しばし黙って聴いていた先生、「このお子さんの先生はドナタですか」オヤジは褒められると思って、すかさず「私です」「もし今後私に習いたいのなら一つ条件があります。お父さん、今後このお子さんを教えないというのが条件です」「立山村に････」物語の終焉の瞬間でもあった。その後県下有数の進学校、富山県立富山高等学校に進み直ちに音楽部ではなくて柔道部に入り 2 段に進級したが音楽の専門教育を受けるべきかと悩み結局 1 年で中退し、昭和 31 年 4 月、15 歳で上京した。入学したのは国立音楽大学付属高校だった。下宿をして 1 日 8 時間～ 10 時間練習した。天才でなくともこれくらいやれば少

しは上手くなる。学年の代表としてしばしば校内演奏会に選ばれ鼻高々だった。3年になって頭にのったか、自惚れか、そのまま推薦を受けて大学へいけばいいものを東京藝大にチャレンジ！見事2次で落っこちたが怯まず国立音大を受け直して再入学。昭和38年卒業後東京交響楽団に応募して何とか合格。これでオレの人生も安泰！と思った途端、半年後に解散！それから人生の試練が始まった。13年間ヴァイオリン奏者として我慢したが楽団は2度目の破綻、臨時楽団員総会が開かれ、どういう訳か僕に次の代表者になれと押し付けられた。さっきまでヴァイオリンを弾いていた男に楽団経営なんて出来る訳がないと思いつつ、引き受けてしまった。上の娘が5歳、下の坊主が3歳、僕は36歳だった。その日から毎日が金集め。数年経過し幸い苦労している姿を見て手をさし延ばしてくださった御仁が現れた。ある外食産業のオーナーだった。毎年億単位の寄付を約束してくれた。楽団は一気に経済的に立ち直り楽員の給料アップもさることながら音楽的なチャレンジも果たした。その努力が実り音楽の友社賞、京都音楽大賞、毎日新聞芸術賞、モービル音楽賞、サントリー音楽賞、等など当時の殆どの音楽賞を独占した。その後足かけ30年楽団代表、楽団長を熟し退任後、現在最高顧問、日本演奏連盟専務理事。その他音楽関係の団体の役員10数団体を歴任。

エッセイ
専務理事の独りごと

二〇一七年二月二五日　初版発行

著　者　金山茂人

発行者　大坪　盛

発行所　株式会社芸術現代社

〒一一一－〇〇五四 東京都台東区鳥越二－十一－十一 TOMYビル三階
電話〇三－三八六一－二一五九　FAX〇三－三八六一－二一五七

制　作　株式会社 ソレイユ音楽事務所

印刷・製本　モリモト印刷株式会社

定　価　一、八〇〇円（税別）

落丁本、乱丁本は小社までお送りください。
送料小社負担にてお取り替えいたします。